Pavões misteriosos

André Barcinski

Pavões misteriosos

1974-1983

A explosão da música pop no Brasil

TRÊS ESTRELAS

Copyright © 2014 Três Estrelas – selo editorial da Empresa Folha da Manhã S.A.

Todos os direitos reservados. Nenhuma parte desta obra pode ser reproduzida, arquivada ou transmitida de nenhuma forma ou por nenhum meio sem a permissão expressa e por escrito da Empresa Folha da Manhã S.A., detentora do selo editorial Três Estrelas.

EDITOR Alcino Leite Neto
EDITOR-ASSISTENTE Bruno Zeni
COORDENAÇÃO DE PRODUÇÃO GRÁFICA Mariana Metidieri
PRODUÇÃO GRÁFICA Iris Polachini
CAPA Estúdio Risco
IMAGENS DA CAPA Ney Matogrosso, Rita Lee e Raul Seixas - Fotos Folhapress
IMAGENS DA QUARTA CAPA Guilherme Arantes, Fagner e Ritchie - Fotos Folhapress
PROJETO GRÁFICO DO MIOLO Mayumi Okuyama
EDITORAÇÃO ELETRÔNICA Jussara Fino
PESQUISA ICONOGRÁFICA Alexandre Pollara dos Santos
PREPARAÇÃO José Ruy Gandra
REVISÃO Isabel Jorge Cury e Lila Zanetti
ÍNDICE REMISSIVO Alvaro Machado

Dados Internacionais de Catalogação na Publicação (CIP)
(Câmara Brasileira do Livro, SP, Brasil)

Barcinski, André
　Pavões misteriosos: 1974-1983: a explosão
da música pop no Brasil / André Barcinski.
　– São Paulo: Três Estrelas, 2015.

　2ª reimpr. da 1ª ed. de 2014.
　ISBN 978-85-65339-29-2

　1. Música popular – Brasil
　2. Música popular – Brasil – História
　I. Título.

114-04242   CDD-781.630981

Índices para catálogo sistemático:
1. Música popular brasileira: História   781.630981

Este livro segue as regras do Acordo Ortográfico da Língua Portuguesa (1990), em vigor desde 1º de janeiro de 2009.

Todos os esforços foram feitos para localizar as pessoas e identificar os fotógrafos das imagens deste livro. Teremos o prazer de creditar as fontes que não foram encontradas, caso se manifestem, na próxima impressão da obra.

**TRÊS
ESTRELAS**

Al. Barão de Limeira, 401, 6º andar
CEP 01202-900, São Paulo, SP
Tel.: (11) 3224-2186/2187/2197
editora3estrelas@editora3estrelas.com.br
www.editora3estrelas.com.br

Sumário

8 **Abertura**
Pop é coisa nossa

14 **Prólogo**
Como seu Joãozinho salvou Macalé

20 1974
Entre os sacis e as fadas – A música enlouquece

46 1975
"Feelings" *versus* "Rock do diabo" – Falsos gringos e demônios de verdade

68 1976
Meu mundo e nada mais – Pops e patrulhados

84 1977
Na nossa festa vale tudo – A discoteca sacode o Brasil

102 1978
O meu sangue ferve por você – Os ídolos "fabricados"

120 1979
Quanto mais purpurina melhor – A MPB se rende ao mercado

138　1980
　　　Os Carbonos e Os Famks – Heróis anônimos do pop

154　1981
　　　Também quero viajar nesse balão – As FMs
　　　descobrem os jovens

174　1982
　　　O brilho da cidade – Está nevando no Rio de Janeiro

190　1983
　　　O mundo é pequeno demais pra nós três – Sullivan,
　　　Massadas e Ritchie dominam as paradas

209　Cinquenta discos fundamentais do pop brasileiro
213　Bibliografia
217　Agradecimentos
221　Índice remissivo

Ao meu tio,
o produtor musical Paulinho Albuquerque, que faz tanta falta.

Abertura

Pop é coisa nossa

Quem quiser conhecer a história da música brasileira da segunda metade do século XX tem à disposição ótimos livros sobre a Bossa Nova, a Jovem Guarda, a Tropicália, a MPB da época dos grandes festivais de TV e a explosão do rock brasileiro dos anos 1980.

Há, porém, um hiato inexplicável nessa cronologia: o período entre a MPB combativa e politizada do início dos anos 1970 e o surgimento do BRock de Legião Urbana, Paralamas do Sucesso e Titãs. Parece que pouco aconteceu entre 1974 e 1983.

No entanto, foi nesses anos que despontaram alguns dos nomes mais importantes da música brasileira: Secos & Molhados, Raul Seixas, Novos Baianos, Guilherme Arantes, Fagner, Zé Ramalho, Ritchie. Foi então que artistas surgidos no fim dos anos 1960, como Rita Lee, Tim Maia, Gal Costa, Gilberto Gil, Caetano Veloso e Jorge Ben, lançaram alguns de seus discos mais conhecidos.

A música brasileira ficou mais jovem e mais popular. A venda de discos se multiplicou depois do chamado milagre econômico. O advento das rádios FM e a popularização da TV e dos LPs com trilhas de novelas ajudaram a fortalecer o mercado do disco no país. Pela primeira vez, o Brasil teve uma indústria musical competitiva.

Pavões misteriosos abrange justamente o período de 1974 a 1983. E esses anos não foram escolhidos à toa: em 1974, *Secos & Molhados* (lançado em 1973) foi o primeiro disco de estreia a liderar as paradas nacionais, interrompendo um reinado de dez anos de Roberto Carlos. E 1983 viu o triunfo de outro LP de estreia, *Voo de coração*, de Ritchie, que trazia o sucesso "Menina veneno".

Os discos de Secos & Molhados e Ritchie foram momentos capitais do pop brasileiro e abriram caminho para a música jovem que dominaria o país a partir do rock dos anos 1980. Eram discos pop e não tinham vergonha de se assumirem como tal. É preciso enfatizar isso porque, nas últimas três décadas, a palavra "pop" adquiriu um tom cada vez mais pejorativo, designando música comercial de baixa qualidade. Mas nem sempre foi assim.

O termo *pop music* surgiu em meados da década de 1950 na imprensa musical inglesa para definir o rock'n'roll e os estilos musicais que ele influenciou. Tudo era pop: o rock explosivo de Elvis Presley, Little Richard, Chuck Berry e Jerry Lee Lewis, sua versão "água com açúcar" feita por cantores bem-comportados, como Pat Boone e Bobby Darin, e até grupos vocais como The Platters e The Coasters, que vinham do estilo *doo wop* – música romântica e dançante surgida em comunidades negras nos Estados Unidos nos anos 1940 e marcada por harmonias vocais.

Pop era música para consumo maciço, na forma de canção, de duração curta (dois a quatro minutos, em média), escrita em formato simples de "estrofe-refrão-estrofe" e com repetição de partes, visando a rápida assimilação pelo ouvinte. Era, basicamente, uma canção para tocar no rádio e dirigida ao público jovem.

A partir de meados dos anos 1960, o conceito de *pop music* começou a mudar. A imprensa passou a utilizar a palavra "rock" para definir um tipo de música mais visceral e "autêntica", enquanto o termo "pop" era usado, cada vez mais frequentemente, como sinônimo de som comercial. Nos anos 1980, já havia uma distinção clara entre pop e rock.

Em *Pavões misteriosos*, uso a palavra "pop" de forma abrangente, acolhendo desde a mistura de choro e guitarras dos Novos Baianos até a discoteca de Gretchen, passando pelo samba com piano de Benito Di Paula (quer coisa mais pop que uma música dedicada a Charlie Brown?) e pelas experimentações vanguardistas de Jards Macalé. Todos eram pop e disputavam, com maior ou menor sucesso, a mesma parada.

O que leva à questão das paradas de discos: todo pesquisador de música brasileira encontra imensa dificuldade para obter informações sobre vendagens. Os números fornecidos por gravadoras e associações ligadas à indústria musical são pouco confiáveis. Pergunte a três pessoas quanto vendeu determinado disco e você terá três respostas diferentes.

A referência usada aqui é a parada do Nopem (Nelson Oliveira Pesquisas de Mercado), que, em 1965, começou a listar os discos mais vendidos em lojas. Essa parada não traz números de venda, apenas um ranking dos discos mais vendidos, e o método utilizado na pesquisa estava sujeito a muitas imprecisões. A pesquisa se limitava a lojas do Rio de Janeiro e de São Paulo, e os números de venda de um dado ano eram eliminados no ano seguinte, ou seja, só eram computados os discos vendidos de 1º de janeiro a 31 de dezembro. Um artista que tivesse lançado um disco em julho, por exemplo, teria seu resultado dividido entre dois anos, o que certamente baixaria a sua posição no ranking.

No trabalho de apuração deste livro, entrevistei 65 pessoas e usei como fontes de consulta jornais, revistas especializadas e livros sobre pop e rock brasileiros e estrangeiros. Ao final, elaborei também uma lista pessoal de cinquenta discos importantes do pop brasileiro, apresentados ano a ano, desde 1970 até o começo da década seguinte.

Pavões misteriosos não tem a pretensão de ser uma enciclopédia da música brasileira entre 1974 e 1983. Muitos leitores podem discordar de algumas escolhas e reclamar da ausência deste ou daquele artista. Meu objetivo foi traçar um panorama geral da época e tentar responder a algumas questões que sempre me intrigaram: por que tantos discos bons foram lançados no Brasil no meio dos anos 1970 e por que a qualidade dos lançamentos caiu logo depois? Como o crescimento da indústria musical afetou nossa música? Por que a música pop passou a ser perseguida pela crítica? Por fim, eu queria tentar entender como surgiram no país tantos "pavões misteriosos" – Ney Matogrosso, Tim Maia, Pepeu Gomes, Raul Seixas, Ritchie e vários outros –, artistas que, nas palavras de Raul Seixas, o "Maluco Beleza", "não tinham nada a ver com a linha evolutiva da música popular brasileira".

Prólogo

Como seu Joãozinho salvou Macalé

Jards Macalé estava cansado de viver.

Os últimos anos não tinham sido nem um pouco felizes para ele. Sua carreira havia estagnado, os convites para shows eram raros e, em meados dos anos 1980, Macalé se sentia cada vez mais isolado e solitário em um mercado musical que ele não entendia e que não o entendia de volta. O pop dominava o Brasil. Era o tempo de louras geladas, meninas veneno, xuxas, ilariês e "dias de domingo". Diabos: até sua amiga Gal Costa se rendera às maquinações do "sistema", estourando nas paradas com um empurrãozinho de Sullivan & Massadas, os reis Midas da nova música popular.

Poucos pareciam se interessar pelo currículo excepcional de Macalé: autor de canções experimentais e poéticas como "Gotham City", "Movimento dos barcos", "Aprender a nadar" e "Vapor barato", ele representava o elo entre a MPB e a vanguarda das artes brasileiras. Era parceiro de Lygia Clark e Hélio Oiticica, colaborador de Glauber Rocha e Nelson Pereira dos Santos, produtor de Gal Costa e Caetano Veloso.

Macalé era um provocador. Em dezembro de 1973, gravou o disco *O banquete dos mendigos*, no Museu de Arte Moderna do Rio de Janeiro cercado pelos militares mas lotado de fãs e com a presença dos amigos Chico Buarque, Paulinho da Viola, Jorge Mautner, Edu Lobo, Dominguinhos, Gonzaguinha, Johnny Alf, Raul Seixas, Milton Nascimento e MPB-4. O LP foi proibido pela censura.

O banquete dos mendigos foi finalmente liberado em 1979. O compositor decidiu, então, ir a Brasília mostrar o disco ao general Golbery do Couto e Silva, ministro-chefe da Casa Civil e um dos articuladores da abertura política. Acreditava que seu gesto de aproximação traria uma espécie de "trégua" entre ele e o governo militar, que tanto o perseguira. Quando voltou de Brasília, no entanto, foi acusado de ter aderido à ditadura. "Porra, não estávamos na abertura? Não era pra tentar abrir as coisas? Comecei a ser visto com péssimos olhos, até pelos coleguinhas. Eu não era mais chamado pra mais nada. A esquerda no Brasil é de direita!", reclamou, à época. Para piorar, sua mulher, Maria Eugenia, era filha do então governador de Minas Gerais, Francelino Pereira, da Arena, o partido aliado da ditadura. "Virou uma opressão louca, um patrulhamento total e absoluto. Implicaram até com a mulher que eu amava. Me botaram na geladeira por mais de dez anos."

Depois de ter provado a censura da direita e da esquerda, seria vítima de outra forma de ditadura: a do mercado. Nos anos 1980, foi tachado de "maldito" e viu seu trabalho, vanguardista, ser rejeitado pela indústria musical: "A arte sempre vive do conflito, não é? Se o artista não tomar cuidado, acaba diluído junto com essas coisas todas. Foi nesse espaço da solidão que eu passei os anos oitenta".

Macalé decidiu, então, que ia "desistir de viver".

Começou a ligar para os amigos. Um por um. Queria, pela última vez, ouvir a voz deles. Seria sua despedida, embora os amigos não soubessem. Depois de conversar com vários, discou, por fim, para um companheiro com quem não falava havia bastante tempo: João Gilberto.

João gostava muito de Macalé, a quem chamava, carinhosamente, de "Macala". De vez em quando, João aparecia de surpresa na casa de Macalé para ouvir a mãe dele, Lígia, cantar músicas antigas. "Macala, sua mãezinha está aí?", indagava o cantor baiano.

"Daí, João vinha, pedia meu violão emprestado e perguntava:
— Mãezinha, você não canta pra gente?
— Claro que canto, seu João.
— Me chama de Joãozinho.
— Tá bom, seu Joãozinho."

Macalé chegava a ficar enciumado: "Mãezinha é o caralho! É minha mãe, porra!".

João Gilberto adorava ouvir dona Lígia cantar. Ela não tinha estudado música, mas possuía, nas palavras do filho, "um senso de harmonia fora do normal". Certa vez, acompanhada por João, dona Lígia começou a entoar "Nanci", um dos clássicos do repertório de Francisco Alves: "Ouve esta canção,/ que eu mesmo fiz,/ pensando em ti,/ é uma veneração, Nanci...". De repente, ela parou de cantar e reclamou:

— O acorde está errado, não é esse, não, seu Joãozinho.

Ao telefone, quando se despedia para todo o sempre de João Gilberto, o compositor ouviu: "Macala, vem pra cá, quero te mostrar uma coisa". Foi uma surpresa. Não era comum o misantropo e recluso João Gilberto convidar alguém para ir a seu apartamento. Macalé chegou ao local e se surpreendeu outra vez: a porta de entrada estava aberta. Uma voz soou lá dentro: "Entra, Macala, vem aqui pro quarto".

O quarto estava escuro. Na penumbra, ele conseguiu identificar João, sentado num canto. "Macala, deita aqui, com as pernas pra lá", disse o baiano, apontando para um sofá grande e confortável. Macalé deitou, como se estivesse no divã de um psicanalista. João Gilberto pegou um violão e começou a tocar "No Rancho Fundo", de Ary Barroso e Lamartine Babo: "No rancho fundo/ de olhar triste e profundo/ um moreno conta as mágoas/ tendo os olhos rasos d'água...".

"Ele tocou por horas, foi uma coisa hipnotizante", lembra Macalé. "Eu comecei a ouvir aquela música e fui relaxando, relaxando, me deixando levar, até que apaguei." Macalé dormiu profundamente. Quando acordou, no dia seguinte, João Gilberto estava à sua frente, lhe oferecendo um café. "O sol entrava pela janela do apartamento, e toda a tristeza tinha desaparecido de mim. Foi uma coisa profundamente humana o que o João fez. Ele percebeu que eu estava numa pior e usou o que tinha à mão, a música, pra me ajudar."

Macalé não era o único que se sentia desorientado e, de certa forma, alijado da cena musical da década de 1980. Uma nova onda varria o país, e nem ele nem seus colegas da MPB conseguiam entender direito o que estava acontecendo. Parodiando o "Rei" Roberto Carlos, dali pra frente, tudo seria diferente.

1974

Entre os sacis e as fadas

A música enlouquece

Milhões de famílias brasileiras assistiam ao *Fantástico*, na noite do domingo 4 de agosto de 1974 quando o apresentador Sérgio Chapelin, vestindo camisa bege, gravata marrom e um terno xadrez, fez um pronunciamento que certamente assustou a muitos: "Para São Cipriano, Lúcifer deu um golpe de Estado em Belzebu, tomando o poder. E as divergências entre os dois atrasaram o mal na Terra por quinhentos anos. Cinco séculos que acabam de terminar...".

Em seguida, surgiu Raul Seixas, com um suéter azul de gola rulê e óculos de aros grossos, dizendo: "Esse fenômeno mágico, esse interesse súbito por essa magia, essa coisa toda que está pintando agora, como o filme *O exorcista*, essa coisa está sendo considerada causa, quando, na realidade, é um efeito". E completou: "A música 'Gita' coloca bem isso, ela desperta em cada um o que a pessoa é: o bem e o mal como sendo uma coisa só. E desperta, na pessoa, Deus como um todo".

"O bem e o mal como sendo uma coisa só." Com essa frase, dita em cadeia nacional e em pleno horário nobre da TV, Raul desafiava a concepção cristã de separação entre o Bem (Deus) e o Mal (diabo), antes de cantar "Gita" diante de pinturas de artistas "malditos" como Hyeronimus Bosch, Pieter Bruegel, Salvador Dalí, René Magritte e Max Ernst – um delírio profano e surrealista, criado por Cyro Del Nero, diretor de arte do *Fantástico*. E a música era sublime, uma balada épica, com arranjo bombástico do maestro uruguaio Miguel Cidras e produção de Marco Mazzola. Em "Gita", Raul exclamava: "Eu sou a vela que acende/ Eu sou a luz que se apaga/ Eu sou a beira do abismo/ Eu sou o tudo e o nada".

Em sua autobiografia, *Ouvindo estrelas*, Mazzola recorda: "Decidimos que 'Gita' teria um arranjo apoteótico, com orquestra sinfônica, sinos, cordas, vocal clássico do Teatro Municipal com 24 vozes, harpa, [...] cinco saxes, quatro trompetes e quatro trombones, fora as cordas, a bateria, o baixo, os violões e o piano. [...] Convocamos um total de 62 músicos para a gravação".

Escrita por Raul e Paulo Coelho, a música aludia ao "Bhagavad-Gita", o texto religioso que faz parte do *Mahabarata*, a coleção de cânticos sagrados do hinduísmo. E o *Mahabarata* fora uma das grandes inspirações do guru de Raul e Paulo, o ocultista inglês Aleister Crowley (1875-1947), um bruxo que se autoproclamava a "Grande Besta 666" e defendia o sexo livre e o uso de drogas. A faixa "Gita" fazia parte de um LP de mesmo nome, feito em adoração a Crowley, com letras que conclamavam o ouvinte a largar sua vidinha convencional e buscar a "Sociedade Alternativa", onde vigoraria a chamada Lei de Thelema da filosofia crowleyana: "Faze o que tu queres, há de ser tudo da lei". Será que Sérgio Chapelin tinha consciência do que Raul estava dizendo? E o público? E a gravadora Philips, saberia onde estava se metendo? Lançar um disco daqueles em 1974, no período mais repressivo da ditadura militar, parecia suicídio comercial. Mas não foi. *Gita* não sofreu censura e vendeu 600 mil cópias.

Quem entrasse em uma loja de discos no Brasil em 1974 poderia imaginar que o país tinha enlouquecido. Na capa de um LP, veria a cabeça maquiada de quatro hippies andróginos, expostas em bandejas sobre uma mesa, como pratos de um banquete macabro.

Outra capa trazia um desenho em que Sol e Lua apareciam no mesmo horizonte, ao lado de um estranho portal arqueado e de um texto enigmático: "A causa do ser humano é o micróbio". Outro disco reproduzia ilustrações atribuídas a Nicolas Flamel, alquimista francês do século XIV que, segundo alguns, havia desvendado o segredo da pedra filosofal, transformando chumbo em ouro e tornando-se imortal. Havia ainda uma psicodélica pena de pavão que ilustrava a capa de um disco de sucesso – uma de suas músicas se tornaria, inclusive, tema da novela *Saramandaia*, da rede Globo. Por fim, uma capa exibia um sujeito magro e cabeludo, de óculos Ray-Ban e boné à Che Guevara, empunhando uma guitarra vermelha reluzente e levantando o dedo indicador. Entre o sagrado e o profano, parecia um misto de guerrilheiro e profeta.

Esses discos não foram gravados por artistas alternativos ou "malditos", mas por nomes importantes da música no Brasil – ou que se tornariam famosos justamente por esses trabalhos. O primeiro LP, com as cabeças decepadas, era o disco de estreia dos Secos & Molhados, lançado em 1973, mas que, um ano depois, ainda liderava as paradas; o segundo, com o portal esotérico, era *Racional – Volume 1*, de Tim Maia; o terceiro, dedicado ao alquimista Flamel, *A tábua de esmeralda*, de Jorge Ben; o quarto, com a pena supercolorida, era *O romance do Pavão Mysterioso*, do cearense Ednardo. E o profeta de guitarra em punho era Raul Seixas, na capa de seu segundo LP solo, *Gita*.

A esquisitice dos discos não se limitava às capas. As músicas eram ainda mais surpreendentes. *Secos & Molhados* misturava rock, psicodelia, música caipira, violões folk à Bob Dylan e canção portuguesa, tudo embalado em estética *glam*, com os integrantes de rosto pintado, parecendo personagens do kabuki, vertente do teatro japonês. À frente da banda, Ney Matogrosso, com 32 anos, comandava a massa com sua voz aguda de contratenor e a presença cênica libidinosa e ousada. Ney costumava se apresentar no palco quase nu. Até então, ninguém vira nada parecido no Brasil. As letras do grupo combinavam folclore, misticismo, sexualidade e até paranoia com a guerra atômica, como em "Rosa de Hiroshima", versão musicada de um poema de Vinicius de Moraes.

A canção "O vira", grande sucesso do disco, ligava o imaginário brejeiro dos contos de fada a um rock sexualmente ambíguo ("Vira, vira, vira homem, vira, vira/ vira, vira lobisomem..."). "Sangue latino", com seus versos melancólicos e misteriosos ("Os ventos do norte não movem moinhos/ e o que me resta é só um gemido/ minha vida, meus mortos, meus caminhos tortos"), parecia um lamento por povos e sonhos arrasados por ditaduras – e, por isso mesmo, virou um clássico das rodinhas de violão em universidades pelo país afora. Apesar de tanta transgressão e estranheza, *Secos & Molhados* foi o LP mais vendido no Brasil em 1974. Desde que a parada de sucessos do Nopem começara a ser publicada no país, em 1965, nenhum músico ou grupo musical havia chegado ao primeiro lugar nas vendas com seu disco de estreia. O LP bateu pesos-pesados como Jair Rodrigues (*Os melhores sambas-enredos de 1974*) e Roberto Carlos (*Roberto Carlos*) – foi também a primeira vez que o "Rei" se viu superado nas paradas por um grupo brasileiro.

Quando gravou *Racional – Volume 1*, aos 32 anos, Tim Maia, por sua vez, era um dos cantores mais populares do Brasil. Seus primeiros quatro discos, lançados entre 1970 e 1973, foram sucessos de venda, com hits como "Primavera", "Réu confesso" e "Gostava tanto de você". Por isso, foi uma surpresa quando ele abandonou a poderosa Polydor, selo de discos "populares" da multinacional Philips, para lançar um LP por sua própria gravadora, Seroma, nome formado pelas primeiras sílabas de seu nome, Sebastião Rodrigues Maia.

Gravado em 1974, *Racional – Volume 1* começou a ser vendido no ano seguinte. Ou melhor, quase não chegou, já que a Seroma não tinha distribuição própria. Os raros LPs nas lojas haviam sido levados pessoalmente pelos músicos da banda de Tim Maia. E os poucos fãs que conseguiram ouvir o novo disco não entenderam nada: o vinil trazia nas melodias os funks e as baladas cheias de groove que eram a marca registrada do cantor, mas as letras estavam longe do espírito festeiro de seus primeiros discos. Todas elas eram louvações feitas a uma filosofia mística chamada Cultura Racional. Desde que adotara essa filosofia, Tim Maia se transformara em outro homem: parou de fumar e cheirar cocaína, passou a se vestir inteiramente de branco e se desfez de todas as posses materiais. Até a sua geladeira foi parar no lixo.

A crença adotada pelo cantor professava que, antes de o Universo ser formado, os habitantes do Mundo Racional viviam em paz e harmonia, até que alguns resolveram explorar lugares que ainda não estavam preparados para receber os ensinamentos de sua cultura tão avançada. Isso teria causado degeneração no Mundo Racional e levado à formação do Universo. A Cultura Racional prometia conduzir o homem de volta a seu "estado natural, puro, limpo e perfeito", anterior à criação do Universo. E o instrumento capaz de guiá-los era uma coleção que somaria mil livros, chamada *Universo em desencanto – Imunização racional*. Os textos teriam sido transmitidos por um ser extraterrestre, o Racional Superior, e escritos por um "aparelho" chamado Manoel Jacintho Coelho. Segundo relatos do próprio místico, ele teria começado o primeiro volume em 1935, e só terminaria o milésimo livro 55 anos depois. Tão estafante deve ter sido a missão que Manoel morreu 38 dias depois de terminar os livros, em 13 de janeiro de 1991.

Além de cuidar da Cultura Racional, Manoel Jacintho tocava violão e era amigo de muitos músicos e artistas. O ator e dramaturgo Procópio Ferreira se encantou com os seus ensinamentos, da mesma forma que os cantores Orlando Silva e Emilinha Borba. Em tributo à Cultura Racional, o flautista Altamiro Carrilho compôs "A grande mensagem do Mundo Racional". O cantor Nelson Gonçalves também gravou uma homenagem, "E os Outros Que Se Danem Football Clube", na qual diz: "Ambição e a maldade/ estão matando a humanidade/ a barra tá Lúcifer/ é um salve-se quem puder/ por isso se fala tanto/ no Universo em Desencanto". A música acabou na trilha da novela *Sinal de alerta*, exibida pela TV Globo em 1978.

Jackson do Pandeiro foi outro grande músico que ficou obcecado pela Cultura Racional. Entre 1973 e 1978, frequentou um templo no subúrbio de Belford Roxo, na Baixada Fluminense, e gravou canções em louvor à seita. Na biografia *Jackson do Pandeiro, o rei do ritmo*, Fernando Moura e Antônio Vicente contam: "Ele ficou bitolado, meio fanático. Com o passar do tempo, se desiludiu com muitas coisas que viu durante as visitas. Assim como entrou, saiu".

Tim Maia também não aguentaria por muito tempo. Chegou a gravar um segundo disco inspirado no Universo em Desencanto, em 1976, mas brigou com Manoel Jacintho e saiu atirando contra ele e a seita: "Quando cheguei lá, vi que o negócio era umbanda, candomblé, baixo espiritismo [...]. Ele tinha uma propriedade enorme em Nova Iguaçu, que incluía até um motel para extraterrenos", afirmou à revista *Playboy*.

Em 1974, Jorge Ben tinha só 29 anos (ou 32, segundo alguns relatos), mas já havia gravado dez discos. *A tábua de esmeralda* foi o 11º, e o auge de sua fase mística. Dominado por divagações espirituais e existenciais, o LP era um contraponto às letras românticas e ufanistas que o haviam consagrado, como "Que maravilha", "País tropical" e "Brasil, eu fico", uma patriotada gravada por Wilson Simonal em pleno governo Médici (1969-74): "Este é o meu Brasil/ cheio de riquezas mil/ este é o meu Brasil/ futuro e progresso do ano 2000/ quem não gostar e for do contra/ que vá prá...".

Quando jovem, Jorge Ben gostava de rock; depois, caiu na Bossa Nova e ajudou a criar um novo estilo, o samba-rock, ou sambalanço, juntando o violão bossa-novista com o suingue da música soul norte-americana. O baterista João Parahyba, do Trio Mocotó, que gravou três discos com ele, recorda: "No início dos sessenta, ele tocava no Beco das Garrafas [trecho da rua Duvivier, em Copacabana, que concentrava casas noturnas] com jazzistas como Luis Carlos Vinhas, J.T. Meirelles e Vitor Brasil. Daí, o Jorge pegou aquela coisa do *boogie* americano, aquela levada, e misturou com o samba, criando o samba-rock. Era uma coisa nova, uma batida diferente do samba tradicional".

Os discos de Jorge Ben foram se tornando mais livres e ousados a partir do fim dos anos 1960. Em 1971, ele gravou o LP *Negro é lindo*, em que entrava de cabeça no movimento black, celebrando a negritude na faixa-título e na arrebatadora "Cassius Marcellus Clay", tributo ao boxeador Muhammad Ali – Clay havia se convertido ao islamismo em 1964 e mudado seu nome para Muhammad Ali. O disco trazia também "Porque é proibido pisar na grama", uma sutil tomada de consciência política: "Acordei com uma vontade de saber como eu ia/ e como ia meu mundo". No ano seguinte, lançou *Ben*, com duas músicas que se tornariam clássicos de seu repertório: "Fio Maravilha" e "Taj Mahal". Mas havia faixas mais ousadas e experimentais, como "Domingo 23", uma homenagem a São Jorge, e "O circo chegou", um delírio felliniano sobre uma trupe circense que tinha "um macaco cientista e um urubu que toca flauta e violão".

Apesar dessa trajetória tão multifacetada de Jorge Ben, foi um choque para o público o lançamento de A tábua de esmeralda. Ninguém esperava do compositor um disco como aquele: uma "ópera" mística, espiritual e cósmica, com doze músicas que pareciam interligadas e abordavam a história de dois alquimistas, Nicolas Flamel (1330?-1418) e Paracelso (1493-1541).

A alquimia fascinava Jorge Ben. Ele chegou a estudar o assunto com um grupo que teria testemunhado a transmutação do metal em ouro, como ele próprio contou à revista *Trip*, em 2009: "Tinha um brasileiro, professor ou reitor de faculdade, de São Paulo, não sei se era da PUC. Junto com um grupo sul-americano de adeptos da alquimia, ele viu uma transmutação, em 1958".

Várias faixas do LP tratavam daquela prática ancestral. "Os alquimistas estão chegando" descrevia o trabalho dos magos: "São pacientes, assíduos e perseverantes/ executam, segundo as regras herméticas/ desde a trituração, a fixação/ a destilação e a coagulação". "Namorado da viúva" evocava Flamel e sua mulher, Perenelle, considerada bruxa. "O homem da gravata florida" homenageava Paracelso. Tudo no disco era especial: a sofisticação dos arranjos, os corais tabelando com a voz de Jorge Ben, o violão de suingue inigualável e a métrica quase sobrenatural, que permitia encaixar frases onde elas pareciam não caber, esticando sílabas, dobrando vogais e mudando a tônica de algumas palavras ("Na-mo-mo-ra-rado da viúva..."). Em "O homem da gravata florida", ele acelerava e desacelerava o ritmo das palavras para encaixá-las na batida do violão.

Classificar musicalmente *A tábua de esmeralda* era impossível. Samba? Rock? Soul? Funk? Jazz? Era tudo isso, e às vezes em uma única música. Algumas faixas pareciam trilha sonora de filme, como a viajante "Errare humanum est", em que violinos e sintetizadores faziam a cama para uma divagação cósmica: "Tem uns dias que eu acordo/ pensando e querendo saber/ de onde vem o nosso impulso/ de sondar o espaço". A canção "Zumbi" reafirmava o ativismo black de Jorge. A música tinha uma alegre batida de violão, mas a letra, possivelmente a mais política e contundente de sua carreira, fazia um contraponto brutal à leveza da sonoridade, narrando a venda de escravos para senhores de terra e lançando uma profecia: "Eu quero ver o que vai acontecer/ quando Zumbi chegar".

Outra música emblemática daquele ano de 1974 foi "Pavão Mysteriozo", gravada por um cearense de 29 anos chamado Ednardo. A canção foi carro-chefe do disco O romance do Pavão Mysteriozo, cujos temas centrais eram a diáspora nordestina para o Sudeste e o isolamento social dos migrantes. Em "Água grande", ele cantava: "A primeira vez que eu vi São Paulo/ fiquei um tempão parado/ esperando que o povo parasse". Já em "Pavão Mysteriozo", canção enigmática, inspirada em um famoso folheto de cordel nordestino da década de 1920, Ednardo trocou o realismo pela fantasia. O compositor usava a figura do pavão – um animal associado à transmutação e à beleza – para criar uma parábola sobre os anos de chumbo no Brasil: "Pavão misterioso/ nessa cauda aberta em leque/ me guarda moleque/ de eterno brincar/ me poupa do vexame/ de morrer tão moço/ muita coisa ainda quero olhar". A letra é embalada por uma melodia dolente, por violas que lembram os cantadores nordestinos e uma percussão minimalista, que remonta às procissões religiosas. "Pavão Mysteriozo" tem um forte clima litúrgico, mas sem perder a pegada pop que fez da música um enorme sucesso de vendas. Ednardo encerra a canção com os versos: "Não temas minha donzela/ nossa sorte nessa guerra/ eles são muitos/ mas não podem voar". Os censores não perceberam a mensagem política nas entrelinhas, e a canção não foi proibida. Dois anos depois, virou tema de uma novela da Globo, *Saramandaia*. O tom sonhador e delirante da música de Ednardo se encaixou perfeitamente com o estilo da novela de Dias Gomes, inspirada no realismo mágico de autores latino-americanos, como Gabriel García Márquez.

Pavões misteriosos, ocultistas, magos, alquimistas, extraterrestres, lobisomens, pirilampos, sacis... Havia alguma coisa muito estranha no ar em 1974. Em comum, esses discos traziam, mesmo em letras mais políticas e engajadas, como as de Ednardo, um modo diferente de falar da realidade, como se a solução para abordar o Brasil dos anos 1970, terra da tortura, da censura e da caretice, passasse pela negação, pelo escapismo ou pela criação de uma "nova realidade". Não foi à toa que o misticismo, as filosofias orientais, a *new age*, o ocultismo, o budismo, as drogas lisérgicas e outros tipos de fuga se tornaram tão populares na época. "Ou você era da turma da militância política ou então desbundava, *dropped out* e partia pro sexo, drogas e rock'n'roll. Não tinha meio-termo", lembra Nelson Motta. Muita gente recorreu a caminhos inusitados, à investigação existencial, a comportamentos alternativos, explorando as fronteiras da mente, novas sociedades e religiões orientais. O próprio Nelson Motta chegou a frequentar os cultos da Cultura Racional depois que sua mulher teve tétano no parto da primeira filha do casal e ficou em coma por dois meses. "Fui lá tentar aliviar meu desespero."

O Brasil vivia uma ditadura, mas a juventude do país, ou pelo menos parte dela, experimentava drogas e sexo como nunca antes. Nelson Motta define os anos pré-1968 como "o terror sexual absoluto": "As meninas não davam, usava-se camisinha, era odioso. Imagine o dia em que chegou a pílula e as mulheres saíram dando feito loucas? Foi um privilégio viver aquela época. Sexualmente, aquilo foi o paraíso, pelo menos até 1980 ou 1981, quando surgiu a aids".

Foi no período do "terror sexual" que surgiu o primeiro grande movimento pop do país, a Jovem Guarda. Nascida em 1965, a partir de um programa da TV Record (e do qual vem o nome do movimento), revelou para o grande público Erasmo Carlos, Wanderléa, Ronnie Von, Eduardo Araújo, Wanderley Cardoso, Jerry Adriani e, claro, Roberto Carlos. Musicalmente, a Jovem Guarda, chamada por alguns de iê-iê-iê, não era lá muito ousada: grande parte de sua produção consistia em versões de músicas italianas e norte-americanas. Apesar do sucesso, a Jovem Guarda durou pouco. No fim de 1968, Roberto Carlos abandonou o programa, que logo saiu do ar. Percebendo a limitação estética e sonora do "iê-iê-iê", o "Rei" enveredou para um estilo romântico que faria dele o cantor mais popular do Brasil. Tão pop quanto a Jovem Guarda, porém mais radical, foi a Tropicália, movimento que apareceu em 1967 e durou até o final da década. Caetano Veloso e Gilberto Gil idolatravam figuras populares como Chacrinha, Roberto Carlos e Vicente Celestino, e buscaram uma música que dialogasse com o pop internacional e com a cultura de massas. Os tropicalistas fizeram discos importantes e influentes, mas não obtiveram o mesmo sucesso de público da Jovem Guarda, e seu prestígio quase não se espalhou para além do meio universitário ou dos grupos intelectuais antenados com novidades. *Tropicália ou Panis et circensis*, disco fundamental do movimento, não aparece nem sequer na lista dos cinquenta discos mais vendidos no Brasil em 1968, divulgada pelo

Nopem. O movimento recebeu um duro golpe quando os seus líderes, Caetano e Gil, tiveram que se exilar na Europa, em 1969. Eles só retornariam ao Brasil em 1972.

A geração dos Secos & Molhados e de Raul Seixas foi a primeira a fazer sucesso comercial no Brasil com uma música pop que não se limitava a copiar sons estrangeiros. Enquanto isso ocorria, a censura se tornava cada vez mais feroz. O período 1973-74 marcou o auge da proibição a músicas no país. Foi nessa época que Chico Buarque criou o pseudônimo Julinho da Adelaide para burlar seus perseguidores. O crítico musical Tárik de Souza lembra que a paranoia dos censores fez com que fosse proibida até uma regravação de "Samba do Arnesto", criado por Adoniran Barbosa duas décadas antes, por acharem que a música fazia alusão ao presidente "Arnesto" Geisel – que assumira em 1974 e encabeçaria uma gradual distensão do regime militar. Mesmo assim, a censura deixou que discos radicais, como *Gita* e *Secos & Molhados*, chegassem às lojas. Esses LPs talvez tenham escapado da tesoura estatal justamente por suas letras oblíquas, sua estranheza, sua capacidade de transmitir mensagens sem que fossem detectadas pelos ouvidos dos censores, mas que caíam como uma bomba atômica na cabeça do público.

O produtor musical Pena Schmidt, que trabalhou com os Mutantes, Rita Lee e Novos Baianos, qualifica *Gita* e *Secos & Molhados* como "explosões imprevistas", que não faziam parte de nenhum plano de gravadora: "Ninguém consegue prever sucessos assim. O que a indústria tenta é surfar na onda depois que a música estourou. Trabalhos como os de Secos & Molhados e Walter Franco parecem surgidos do nada. E surgiram em oposição ao caminho natural, orgânico e histórico da música brasileira. De repente, houve uma ruptura, veio o caos e apareceram esse caras. A androginia do Secos & Molhados não fazia parte de nenhum discurso".

Gerson Conrad, cantor e violonista dos Secos & Molhados, concorda com a tese de Pena Schmidt. Segundo ele, até a maquiagem andrógina no rosto dos integrantes aconteceu por acaso. "Fizemos nosso primeiro show em novembro de 1972", ele conta, "com a formação que se tornou clássica: Ney Matogrosso, João Ricardo e eu. Foi na Casa de Badalação e Tédio, um espaço que ficava no térreo do Teatro Ruth Escobar, em São Paulo. Na noite de estreia, Ney chegou tão atrasado que não teve tempo de tirar a maquiagem da peça baseada nos *Lusíadas* em que ele trabalhava como figurante. Uma amiga nossa, a Luhli, que tinha acabado de ver no Rio o espetáculo *O jardim das borboletas*, em que atores usavam maquiagem branca e muita purpurina, sugeriu: 'Por que vocês não dão um brilho nesse visual?'. A Luhli, então, maquiou todo mundo." É outra, porém, a lembrança de Paulinho Mendonça, amigo de Ney e coautor de "Sangue latino": ele diz que Ney Matogrosso, bem antes do primeiro show, já planejava maquiar a banda inteira.

Secos & Molhados começou como um projeto de João Ricardo, um músico português radicado no Brasil. Em São Paulo, João se juntou ao vizinho, Gerson Conrad, e depois conheceu Ney Matogrosso, um cantor que trabalhava em teatro e, para ajudar na renda, vendia artesanato. Na plateia do show na Casa de Badalação e Tédio estava o jornalista Moracy do Val. Ele ficou tão impressionado com a apresentação que convenceu a gravadora Continental a deixá-lo produzir o disco de estreia dos Secos & Molhados.

O LP chegou às lojas em agosto de 1973. Na mesma semana, aconteceu um golpe de sorte: a Globo estreava o *Fantástico*, um programa de variedades nas noites de domingo, e escolheu imagens de quatro artistas e grupos musicais para incluir na abertura: Clara Nunes, Wanderley Cardoso, Diana Ross and the Supremes e... Secos & Molhados. O impacto foi estrondoso.

A Continental não acreditava no disco e havia prensado apenas 1.500 cópias. Acabou vendendo 300 mil em três meses. A demanda foi tão grande que, no final de 1973, a gravadora ficou sem vinil para fabricar os discos – situação que se complicou ainda mais por causa do embargo do petróleo pelos países árabes no mesmo ano, causa de uma das grandes crises econômicas da década. A solução foi derreter discos encalhados para fabricar mais LPs do grupo.

É difícil explicar o fenômeno dos Secos & Molhados, mas existem alguns fatores que contribuíram para o sucesso do disco. Para começar, a capa era das mais estranhas e imaginativas. Em um país controlado por uma ditadura militar e onde discos eram censurados aos montes, ver a cabeça decepada de quatro hippies em cima de uma mesa chamava a atenção (a quarta cabeça da foto, além da de Ney Matogrosso, Gerson Conrad e João Ricardo, era a do baterista argentino Marcelo Frias). Musicalmente, o LP tinha atrativos para todos os gostos: fãs da MPB poderiam apreciar os violões delicados e as letras tiradas de poemas de Vinicius de Moraes, Cassiano Ricardo e Manuel Bandeira; roqueiros curtiriam as guitarras distorcidas de John Flavin em "O vira" e o baixão marcante do argentino Willy Verdaguer, que abria "Sangue latino". Havia até mesmo pitadas de jazz, como na introdução de piano de "Primavera nos dentes", tocada por Zé Rodrix.

Secos & Molhados também caiu no gosto das crianças, que adoravam as letras engraçadas sobre sacis, fadas e lobisomens e ficavam hipnotizadas pela estranheza futurista do visual da banda. Aqueles sujeitos pareciam ter caído de um disco voador em terras brasileiras. Sei bem disso, porque tinha seis anos e passei a infância toda embasbacado com a capa do LP e pedindo a meus pais para ouvir o disco de novo, de novo e de novo...

Até hoje, Gerson Conrad se pergunta sobre o que levou a banda a ser tão adorada: "Acho que foi uma magia, uma coisa que não se consegue explicar. Claro que o disco era muito bom, um trabalho musical e poético de alto nível, mas a verdade é que os Secos & Molhados chegaram em um momento em que o país atravessava um marasmo total, com censura, aquela mão pesada militarista, e a gente veio dar um colorido àqueles dias cinzentos".

Secos & Molhados não foi o único disco "esquisito" a enfrentar a caretice reinante no país. Também houve *Lóki?*, o primeiro LP de Arnaldo Baptista depois de sua saída dos Mutantes e do fim de seu romance com Rita Lee. Um disco dilacerante, em que o compositor de 26 anos expunha sua fragilidade emocional em canções sobre drogas, melancolia, discos voadores e amores não correspondidos. Tudo tão etéreo e delicado que parecia que Arnaldo iria se despedaçar a qualquer momento.

Outro disco importante – gravado entre 1973 e 1975 – foi *Na rua, na chuva, na fazenda (Casinha de sapé)*, do *soulman* Hyldon. O LP celebrava a vida idílica do interior, transportando o ouvinte para um lugar mais puro e simples, bem longe das agruras da vida moderna. Hyldon era um prodígio: em 1970, aos dezenove anos, se tornara produtor da Philips e trabalhara em discos de Erasmo Carlos e Odair José. Também era um respeitado músico de estúdio, tendo gravado com Tim Maia e Wilson Simonal.

Do Recife veio o disco *Paêbiru: caminho da montanha do sol*, gravado por Zé Ramalho e Lula Côrtes, com ajuda de vários músicos nordestinos que depois se tornariam famosos, como Geraldo Azevedo e Alceu Valença. Inspirados na lenda de Sumé, entidade mitológica dos índios tupi, Zé e Lula, leitores de Carlos Castañeda e fissurados na contracultura e nos movimentos hippie e beatnik, fizeram um LP experimental, misturando rock lisérgico e música folclórica nordestina. O tema do disco era a Pedra do Ingá, um monumento no agreste paraibano que contém inscrições rupestres de origem desconhecida e que, para alguns, seriam obra de extraterrestres. Era um LP duplo, em que cada lado vinha identificado por um dos quatro elementos: Terra, Ar, Fogo e Água. Lançado pela gravadora pernambucana Rozenblit, tornou-se um dos discos mais disputados por colecionadores depois que uma enchente no rio Capibaribe inundou o armazém da empresa e destruiu quase todas as cópias – restaram apenas trezentas.

Transgressor também foi *Sweet Edy*, de 1974, primeiro LP de Edy Star, músico, performer, bailarino e artista plástico de 36 anos. Lançado pela Som Livre, gravadora da TV Globo, é considerado um dos primeiros discos assumidamente gays do país. "Chega de brincadeira/ já estamos bem-entendidos/ concubinados, convencidos/ que para um bom entendido/ meia cantada basta", cantava Edy em "Bem-entendido", gíria usada na época para designar os gays. O baiano Edy foi um dos primeiros artistas *glam* do Brasil, na mesma época em que Marc Bolan e Gary Glitter dominavam as paradas inglesas com um rock andrógino e festeiro. Amigo de infância de Raul Seixas na Bahia, ele começou a cantar em inferninhos no Rio de Janeiro. Fez sucesso na boate Cowboy, um dos puteiros mais conhecidos da praça Mauá, em um show que tinha homens nus e cenas de lesbianismo. O próprio cantor costumava dar tapas no rosto e se sentar no colo de algumas pessoas na plateia, enquanto entoava "Hipócrita" e "Perfume de gardênia". Edy recorda: "Tinha um anão que aparecia pelado e saía correndo pela boate. Quando o Jaguar disse no *Pasquim* que a piroca do anão era tão grande que se arrastava pelo chão, o lugar ficou lotado de gente pra ver o pau do anão!".

A década de 1960 terminou com Roberto Carlos se libertando das amarras estéticas e sonoras da Jovem Guarda. Influenciado pela música negra americana, gravou alguns de seus LPs mais experimentais. Seus ex-companheiros da Jovem Guarda também alopraram. Erasmo Carlos lançou discos confessionais, como *Carlos, Erasmo* (1971) e *Sonhos e memórias* (1972). O "Príncipe" Ronnie Von gravou, entre 1969 e 1970, três discos psicodélicos (*Ronnie Von*, "*A misteriosa luta do Reino de Parassempre contra o Império de Nuncamais*" e *Máquina voadora*) que se tornaram objeto de culto quando foram redescobertos, mais de trinta anos depois. Até Wanderléa jogou fora a imagem da "Ternurinha" e posou de peruca dourada *black power* na capa de *Maravilhosa* (1972), disco marcado pelo pop e pela soul music.

O período entre 1970 e 1976 foi uma época de ouro para o pop brasileiro, marcada por discos ousados dos Mutantes (*Mutantes, A divina comédia ou Ando meio desligado* e *Jardim elétrico*), de Fagner (*Manera, Fru Fru, manera* e *Ave noturna*), Caetano Veloso (*Transa*), Gilberto Gil (*Expresso 2222*), Odair José (*Assim sou eu*), Belchior (*Alucinação*), Wilson Simonal (*Simonal*), Gal Costa (*Legal, Fatal* e *Índia*), Walter Franco (*Revolver*), Novos Baianos (*Acabou chorare* e *Novos Baianos F.C.*), Maria Bethânia (*Drama* e *Pássaro proibido*), Jards Macalé (*Jards Macalé* e *Aprender a nadar*), Luiz Melodia (*Pérola negra*), Alceu Valença (*Vivo*), Zé Rodrix (*1º acto* e *Soy latino americano*), Clube da Esquina (*Clube da esquina*), Ney Matogrosso (*Água do céu – Pássaro* e *Bandido*), Sá, Rodrix e Guarabyra (*Passado, presente e futuro* e *Terra*), O Terço (*Criaturas da noite*), Milton Nascimento (*Minas* e *Geraes*), Rita Lee & Tutti Frutti (*Fruto proibido*), Guilherme Arantes (*Guilherme Arantes*) e Marcos Valle (*Garra, Vento sul* e *Previsão do tempo*).

Por que tantos bons discos foram lançados na mesma época? Fiz a pergunta a todos os artistas e produtores que entrevistei para este livro, e a resposta foi quase sempre a mesma: "Porque havia liberdade para gravar". Ednardo disse: "Ninguém da gravadora me dizia o que fazer. Eu gravava o que queria e entregava o disco pronto pra ela". Pepeu Gomes descreve assim a reunião que os Novos Baianos tiveram com João Araújo, diretor da Som Livre – e pai de Cazuza –, quando assinaram contrato com a gravadora: "João disse que podíamos gravar o que a gente quisesse, que ninguém ia meter a mão em nada. E ele cumpriu a promessa". O resultado foi *Acabou chorare* (1972), um clássico absoluto do pop-rock brasileiro.

Em uma entrevista a Ruy Castro, publicada na revista *Playboy*, Erasmo Carlos falou de sua ida para a Philips/Polygram, em 1971. Na época, o cantor passava por um momento de ostracismo. A Jovem Guarda tinha acabado e seus integrantes eram malhados pela crítica e por outros artistas, que os recriminavam por ter feito música comercial e considerada de baixa qualidade. "O André Midani [diretor da gravadora] me levou para a Polygram, me deu plena liberdade e me disse: 'Você vai gravar o que quiser, com quem quiser, da forma que quiser. Faça o que você quiser, mas faça. É importante qualquer coisa que você crie'."

O primeiro disco de Erasmo na gravadora foi *Carlos, Erasmo*, um LP audacioso, com influências de samba-rock, soul music e rock psicodélico, que trazia letras eróticas ("Dois animais na selva suja da rua", de Taiguara) e até uma ode à maconha, "Maria Joana", composta em parceria com Roberto Carlos: "Só ela me traz beleza/ nesse mundo de incerteza/ quero fugir, mas não posso/ esse mundo inteirinho é só nosso". Quando perguntei a André Midani por que havia lançado discos tão anticomerciais nos anos 1970, como *Araçá azul*, um LP experimental de Caetano Veloso que bateu recorde de devoluções em lojas, ele respondeu: "Porque eu achei, com toda sinceridade, que ia vender. Na minha cabeça, aquilo seria um estouro. Não quero me atribuir um papel de Dom Quixote, mas eu achei que ia vender, e quebrei a cara".

A verdade é que as gravadoras brasileiras ainda eram, no fundo, empresas quase amadorísticas, onde um ou dois chefes decidiam tudo. Não que os executivos fossem diletantes ou mecenas, mas as estruturas das gravadoras eram enxutas, e muitas decisões artísticas eram tomadas por instinto e gosto pessoal. Não havia testes de preferência do público ou pesquisas de mercado. "Eu não me preocupava em medir o mercado ou em racionalizar muito", conta Midani. O executivo tentou criar na Philips um "grupo de estudo" que reuniu os jornalistas Zuenir Ventura, Artur da Távola e Dorrit Harazin, produtores musicais, como Nelson Motta, e até o escritor Rubem Fonseca e a psiquiatra Nise da Silveira. A função do grupo era entrevistar os artistas e tentar descobrir o "segredo do sucesso", mas a iniciativa se mostrou improdutiva. "Aquilo era um saco", lembra Odair José. "Os caras achavam que eu fazia sucesso porque toda música tinha um 'tema' forte. Ficaram um tempão perguntando sobre meus 'temas', como eu pensava no 'tema', era 'tema' pra cá, 'tema' pra lá, foi chato pra cacete. Lembro que o Tim Maia ficou cinco minutos em uma entrevista dessas e disse que ia pra casa fumar maconha."

Secos & Molhados, Novos Baianos, Raul Seixas e toda essa turma do pop brasileiro dos anos 1970 surgiram justamente quando a indústria de discos estava crescendo no país. Os números de vendas daqueles anos seriam incomparavelmente maiores que na época da Jovem Guarda, quando o mercado ainda era pequeno. Em sua tese *Música e disco no Brasil: a trajetória da indústria nas décadas de 80 e 90*, o professor e pesquisador Eduardo Vicente mostra que o mercado brasileiro de discos cresceu quase dez vezes entre meados da década de 1960 e o final da de 1970, passando de 5,5 milhões de unidades vendidas em 1966 para 52,6 milhões em 1979 (cada unidade equivalia a um LP ou a três compactos simples).

A principal razão desse crescimento foi o "milagre econômico" ocorrido durante os anos de chumbo da ditadura militar. De 1968 a 1973, o PIB brasileiro cresceu a uma taxa média acima de 10% ao ano. O progresso econômico inseriu no mercado uma nova massa de consumidores. O público não só aumentou, mas também era mais jovem e mais urbano, em decorrência da crescente migração populacional do campo para as cidades. "O típico comprador de discos no fim dos anos 1960 e início dos 1970 era homem, de classe média e tinha mais de trinta anos. Depois o público foi ficando maior e cada vez mais jovem", explica André Midani. Roberto Menescal, um dos criadores da Bossa Nova e diretor artístico da Philips de 1970 a 1985, viu de perto esse crescimento do mercado: "O Chico Buarque não vendia mais do que 20 mil ou 30 mil discos, mas, quando fez *Construção* (1971), chegou a 300 mil cópias". Menescal também recorda que Elis Regina, que nunca passava de 15 mil ou 20 mil cópias, em 1972 chegou a vender 100 mil com o disco *Elis*, que trazia a canção "Águas de março", de Tom Jobim.

Até meados dos anos 1970, o pop, ou a "música jovem" em geral, tinha um pequeno mercado no país, com exceção de Roberto Carlos. Basta conferir as listas dos discos mais vendidos compiladas pelo Nopem. Em janeiro de 1965, a Odeon lançou no Brasil o LP *Os reis do iê, iê, iê!* (*A Hard Day's Night*), dos Beatles. Na Grã-Bretanha, o disco liderou a parada por 21 semanas. Nos Estados Unidos, permaneceu no topo por catorze semanas. No Brasil, vendeu menos que *Não me esquecerás*, do cantor de boleros Carlos Alberto, *O trovador*, de Altemar Dutra, e *A bossa é nossa*, de Miltinho. Em 1966, dos dez discos mais vendidos no país, Roberto Carlos era o único representante do pop, disputando as primeiras colocações com Frank Sinatra, Chico Buarque, Altemar Dutra, Wilson Simonal e Carlos Alberto. Foi justamente o sucesso da Jovem

Guarda que mudou um pouco esse panorama e fez com que discos de Wanderley Cardoso (*O bom rapaz*, 1967), Ronnie Von (*A praça*, 1967), The Fevers (*The Fevers*, 1968) e Renato & Seus Blue Claps (*Especial*, 1969) chegassem às paradas. Mas nenhum deles ameaçou o domínio da música romântica de Paulo Sérgio, Altemar Dutra e Agnaldo Timóteo ou de astros consagrados do samba e balanço, como Wilson Simonal e Jair Rodrigues.

Não era só o público brasileiro que tinha preconceito com relação ao rock e ao pop. Os artistas também. Basta lembrar que, em 17 de julho de 1967, apenas um mês depois do mítico show de Jimi Hendrix no Festival de Monterey, na Califórnia, em que ele incendiara a guitarra no palco, e do lançamento do clássico psicodélico *Sgt. Pepper's Lonely Hearts Club Band*, dos Beatles, jovens músicos brasileiros se reuniram no centro de São Paulo para uma passeata contra um inimigo poderoso: a guitarra elétrica. A MPB temia e rechaçava o rock. A esquerda brasileira via a guitarra como símbolo da dominação cultural norte-americana. Fazer rock no Brasil era coisa de maluco ou alienado.

Elis Regina, uma das líderes da manifestação, tinha 22 anos; Edu Lobo, 23; Gilberto Gil, 25; e Jair Rodrigues, 28. Carregando uma faixa com os dizeres "Frente Única da Música Popular Brasileira" e gritando palavras de ordem contra a guitarra, cerca de quatrocentas pessoas participaram do protesto, que percorreu algumas ruas do centro da capital paulista. Caetano Veloso, com 24 anos, e Nara Leão, com 25, assistiram a tudo. Nara, horrorizada, disse a Caetano que aquilo parecia uma passeata fascista.

No início dos anos 1970, a MPB de Chico, Caetano e Elis vendia bem menos discos do que a música romântica de artistas populares.

Fora isso, ainda sofria com a censura militar. Mas, paradoxalmente, a própria ditadura havia aprovado uma lei que não só ajudava a carreira desses ícones da MPB, mas era o verdadeiro "motor" da indústria do disco no Brasil: a lei do "Disco é Cultura". Criada em 1967, ela permitia às empresas abater do ICM (Imposto de Circulação de Mercadorias) qualquer gasto com gravações de artistas nacionais. Os discos beneficiados recebiam o selo "Disco é Cultura". André Midani, diretor da Philips, me disse que a MPB só era "viável" à época por causa da legislação: "Se ela não existisse, a indústria teria sido completamente distinta. Haveria um estreitamento de orçamentos. Com o ICM, eu não tinha medo de investir em meus artistas".

Na época, a gravadora de Midani tinha dois selos: o Philips, que reunia a nata da MPB – Elis Regina, Chico Buarque, Caetano Veloso, Jair Rodrigues, Maria Bethânia, Gal Costa, Gilberto Gil, Jorge Ben, Raul Seixas, Mutantes e Wilson Simonal, entre outros –, e o Polydor, de artistas mais "populares", como Tim Maia, Evaldo Braga, Odair José e Hyldon. Tão poderosa era a Philips que publicou um anúncio de página dupla na revista *Manchete* com uma foto de seu imenso elenco e a frase "Só nos falta o Roberto Carlos" (o "Rei" era da CBS).

Apesar de ter em seu elenco quase todos os grandes astros da MPB, a Philips perdia em vendas para suas concorrentes. Entre 1970 e 1972, a gravadora só emplacou um disco no "top 10" de cada ano: os compactos *José*, de Rita Lee (oitavo lugar em 1970), *Só quero*, de Evaldo Braga (nono lugar em 1971) e *Sua estupidez*, de Gal Costa (nono lugar em 1972). Os primeiros lugares das paradas eram dominados pela CBS (Roberto Carlos, Johnny Mathis), RCA (Antonio Marcos, Os Incríveis) e Copacabana (Nelson Ned, Moacyr Franco). Mesmo não vendendo tanto, a Philips sustentava um elenco caríssimo. E só conseguia isso graças à lei do "Disco é Cultura".

A legislação foi criada, em teoria, para equilibrar a disputa entre gravadoras nacionais e internacionais. As nacionais reclamavam que as rivais gringas levavam vantagens competitivas, já que o custo de lançar discos estrangeiros era bem mais baixo, uma vez que elas não precisavam arcar com despesas de gravação ou de arte para a capa dos lançamentos internacionais, pois tudo vinha pronto do exterior. Apesar de o público brasileiro preferir música nacional (discos de artistas brasileiros representavam 60% a 70% da venda total no país), discos estrangeiros eram mais rentáveis, devido ao uso de matrizes prontas.

O resultado da lei, no entanto, foi o oposto: ela acabou beneficiando as gravadoras estrangeiras, que passaram a usar o dinheiro que economizavam do ICM para contratar artistas brasileiros e, assim, aumentar seus elencos nacionais. É aqui que os interesses das grandes gravadoras cruzam com o sonho de "integração nacional" da ditadura militar, segundo o pesquisador Eduardo Vicente. A ditadura acabou fornecendo os meios para a criação de monopólios em todos os setores da indústria cultural, e os resultados não demoraram a aparecer. O pesquisador Renato Ortiz, citado por Vicente, diz: "Durante o período [...] ocorre uma formidável expansão [...] de produção, de distribuição e de consumo da cultura; é nessa fase que se consolidam os grandes conglomerados que controlam os meios de comunicação e a cultura popular de massa". Ortiz lista a criação da Embratel (1965) e da Embrafilme (1969) como marcas dessa política, além da estreia, em 1965, da TV Globo. Em 1969, com o objetivo de lançar as trilhas sonoras de suas novelas, a Globo inaugurou a Som Livre. Em 1971, a gravadora lançou sua primeira trilha sonora, *O cafona*, e seis anos depois já era líder em vendas no país. Nenhuma gravadora havia dominado o mercado brasileiro com tanta rapidez.

O crescimento da indústria do disco foi acompanhado por uma "profissionalização" do setor, e logo o tempo romântico das gravadoras chegou ao fim. Surgiram empresas maiores e bem-organizadas, lideradas por executivos mais interessados em números de venda do que em fazer história.

E de que maneira isso afetou a música? "Se você fizer uma linha do tempo e colocar os discos mais relevantes, verá que a maioria foi feita até 1976, e depois tudo foi ficando meio ralo", diz Pena Schmidt. De fato, a primeira metade dos anos 1970 é considerada a melhor fase do pop brasileiro. Como explicar, porém, a súbita queda na qualidade da música feita no país na segunda metade daquela década? Será que os artistas se tornaram menos talentosos de uma hora para outra? A explicação talvez esteja em uma frase de Eduardo Vicente: "Música é uma coisa, música gravada é outra". Em outras palavras: música é arte, música gravada é comércio.

É justo dizer que a música brasileira piorou a partir da segunda metade dos anos 1970? Ou seria mais correto afirmar que a música gravada brasileira passou a refletir uma visão mais comercial e menos autoral, ao mesmo tempo que os LPs começaram a vender mais? Ednardo, autor da música "Pavão Mysteriozo", lembra o exato momento em que sentiu essa mudança no ar: "Foi em 1978. Liguei para a Warner para combinar meu próximo LP, e eles pediram para eu mandar o 'projeto' do disco. Eu perguntei que diabo era o tal do 'projeto', e eles disseram que eu deveria mandar um resumo completo do disco, com o repertório, quem iria produzir, qual era o público-alvo, essas coisas. Depois disso, as coisas mudaram, e para pior". Vários artistas da época compartilham da opinião de Ednardo. Para muitos, a liberdade criativa nas gravadoras foi diminuindo a partir de meados da década, até chegar, por volta de 1978 ou 1979, a um estágio em que a gravadora decidia praticamente tudo: repertório, capa, produção e mesmo mudanças no estilo e no visual dos artistas.

Claro que essa visão de que artistas são seres indefesos, à mercê de gravadoras inescrupulosas, é tão romântica quanto falsa. Houve, sem dúvida, uma profissionalização das gravadoras e uma alteração na forma de relacionamento com os artistas, mas essa mudança foi aceita pelos dois lados e beneficiou a todos. Nos anos seguintes, artistas e gravadoras veriam seus números de venda subirem de forma impressionante. "Não acho que tenha havido uma orquestração ou uma conspiração, mas, sim, uma convergência de interesses na direção de uma música mais palatável ao *mainstream*", avalia o crítico musical Tárik de Souza. "A verdade é que os artistas são todos uns filhos da puta", diz André Midani, em tom de brincadeira, antes de arrematar: "O sucesso é sempre deles, o fracasso é sempre da gravadora".

1975

"Feelings" *versus* "Rock do diabo"

Falsos gringos e demônios de verdade

Em uma manhã de novembro de 1975, Guto Graça Mello, um jovem de 27 anos, recebeu um telefonema na sede da gravadora Som Livre, da qual era diretor: "Guto? Preciso falar com você, urgente! Larga o que você estiver fazendo aí e vem pra cá agora!". A ordem era de José Bonifácio de Oliveira Sobrinho, Boni, o todo-poderoso da rede Globo.

Boni precisava resolver um problema sério: não aprovara a trilha sonora que um produtor havia feito para a novela *Pecado capital*, que estava prestes a estrear, e tinha quatro dias para produzir uma nova seleção. Guto disse que a única maneira de conseguir isso em tão pouco tempo seria fazer uma coleta nas gravadoras e escolher as melhores músicas de cada uma. Boni concordou, mas fez uma exigência: a música de abertura teria de ser inédita. Guto pediu socorro a Paulinho da Viola: "Fui à casa do Paulinho e ele compôs 'Pecado capital' ("Dinheiro na mão/ é vendaval...") ali, na minha frente, em menos de duas horas. Foi uma coisa assombrosa".

Guto correu às principais gravadoras e conseguiu uma ótima seleção de músicas, incluindo "Moça" (Wando), "Se você pensa" (Moraes Moreira), "Você não passa de uma mulher" (Martinho da Vila), "Meu perdão" (Beth Carvalho), "Beijo partido" (Nana Caymmi) e "Juventude transviada" (Luiz Melodia). "Várias músicas do disco eram sambas, e a gente era meio proibido de usar samba em novela, mas o Boni estava com a faca no pescoço e teve de engolir." Na época, a Globo tentava consolidar uma imagem "sofisticada" em sua programação, o que explica essa repulsa pelo samba (em 1972, Chacrinha saíra da emissora e, com ele, muitos dos artistas considerados "bregas" e "cafonas" da época). Nelson Motta, produtor de diversas trilhas para a emissora, diz que Guto foi corajoso ao botar um samba na abertura da novela: "Antes de *Pecado capital*, nunca tinha havido uma novela cujo tema de abertura fosse um samba. Nas novelas que eu fiz, usava pop moderno (*Véu de noiva*), baiano épico (*Verão vermelho*) ou sertanejo heroico (*Irmãos Coragem*)".

Até meados dos anos 1970, a venda de discos com a trilha sonora internacional das novelas superava em muito a dos discos de trilha nacional. Isso acontecia porque os LPs internacionais reuniam músicas de sucesso que a Som Livre pegava de outras gravadoras, enquanto a trilha nacional era composta, quase sempre, de músicas inéditas ou pouco conhecidas. A trilha nacional da novela *O rebu* (1974/75), por exemplo, foi assinada por Raul Seixas e Paulo Coelho e trouxe faixas que, em sua maioria, não haviam entrado nos discos de Raul. Já o LP internacional da mesma novela tinha sucessos de Elton John, Stevie Wonder e Sérgio Mendes. A trilha nacional era, nas palavras de Guto Graça Mello, "o patinho feio da Som Livre".

A trilha nacional de uma novela raramente vendia mais que 70 mil, 80 mil cópias. *Pecado capital*, entretanto, mudou essa história: o LP chegou a 300 mil cópias, superando a trilha internacional, que tinha canções de Michael Jackson, Domenico Modugno e Gladys Knight & The Pips.

A Som Livre havia sido fundada em 1969, por João Araújo, com o objetivo de lançar as trilhas sonoras de novelas da Globo. A primeira trilha de Guto para a emissora foi uma parceria com Nelson Motta, *Cavalo de aço* (1973). Guto não tem boas lembranças do disco: "Ficou uma merda. O Boni também achou e me deu um esporro danado".

Em 1975, Guto acumulava as funções de diretor da Som Livre e diretor musical da TV Globo, o que o deixava na estranha posição de ser cliente de si mesmo. Como ele tinha liberdade para escolher as músicas que entrariam nas novelas, tornou-se um dos executivos mais influentes e poderosos da indústria do disco no Brasil. Até Guto aparecer no cenário televisivo, a relação da família Graça Mello com a música brasileira não tinha sido das mais felizes. Seu avô, José Rodrigues da Graça Mello, foi um dos médicos que, em 1910, fez o parto de Noel Rosa, que, retirado a fórceps, teve o queixo quebrado e o rosto marcado por toda a vida. O doutor Edgar, médico que cuidou de Noel Rosa quando este morreu de tuberculose, em 1937, era tio de Guto.

Na trilha sonora internacional de *Pecado capital*, em meio a artistas consagrados como Michael Jackson e The Trammps, um dos destaques era "Words of Love", uma balada melosa cantada por Dave D. Robinson. O que o público não sabia era que a música não tinha sido gravada em Los Angeles ou Nova York, e sim no estúdio da Gazeta, na avenida Paulista. Poucos sabiam também que o verdadeiro nome de Dave D. Robinson era José Eduardo Pontes de Paiva, também conhecido por Dudu França.

Dave/Dudu era um dos muitos artistas brasileiros que cantavam em inglês e fizeram parte de um dos fenômenos mais populares e curiosos do pop brasileiro: o dos falsos gringos. Dudu não foi um fenômeno isolado: Fábio Jr. também gravou em inglês, com os nomes de Mark Davis e Uncle Jack; Jessé foi Tony Stevens; Ivanilton de Souza virou Michael Sullivan; Thomas Standen foi Terry Winter; e Hélio Costa Manso ficou famoso como Steve Maclean, nome inspirado no galã do cinema Steve McQueen. Alguns cantores usavam mais de um pseudônimo: Dudu França gravou também como Joe Bridges, tradução do prosaico José Pontes. Outros usavam nomes parecidos com o de astros internacionais: em 1975, quando o argentino/britânico Chris de Burgh lançou "Flying", uma balada de sucesso, Jessé regravou a canção, assinando como Christie Burgh. A EMI, gravadora do Burgh original, chiou, obrigando o brasileiro a trocar de nome para Roger Shapiro.

De todos os falsos gringos, o mais famoso foi o carioca Maurício Alberto Kaiserman. Filho de uma família de classe alta do Rio, ele ganhou o concurso "O Homem Mais Bonito do Brasil" no programa de Flávio Cavalcanti, na TV Tupi, e fez parte de grupos de rock no fim dos anos 1960, como Hangmen e The Thunders. No início da década de 1970, passou alguns anos estudando nos Estados Unidos. Quando retornou ao Rio de Janeiro, tentou a carreira de cantor, lançando músicas em português com o seu nome verdadeiro e, em inglês, com o pseudônimo de Morris Albert.

Em 1974, Albert lançou pela gravadora Beverly o compacto de "Feelings", uma balada romântica em inglês. A música acabou na trilha da novela *Corrida do ouro*, da TV Globo, e se tornou um tremendo sucesso. A gravadora norte-americana United Artists tinha um contrato de distribuição internacional com a Beverly, mas não gostou da canção e permitiu negociá-la internacionalmente com a RCA. Resultado: "Feelings" chegou ao sexto lugar na parada norte-americana, vendeu muito na Europa e América Latina, foi cantada em shows por Frank Sinatra e gravada por Nina Simone, Johnny Mathis e Ella Fitzgerald. Morris Albert foi o único cantor da leva de brasileiros que gravavam em inglês a fazer sucesso no exterior. Em 1976, recebeu três indicações ao Grammy, principal prêmio da indústria da música nos Estados Unidos: música do ano, melhor cantor pop e artista revelação. Nos anos

1980, foi acusado pelo compositor francês Loulou Gasté de ter plagiado a canção "Pour toi", lançada em 1957. O "gringo" brasileiro perdeu o processo.

A onda dos falsos gringos era coisa antiga no pop brasileiro. Desde o início dos anos 1960, vários artistas nacionais fizeram carreira cantando em inglês ou imitando astros do pop estrangeiro. Em 1964, o cantor Trini Lopez, um filho de mexicanos nascido nos Estados Unidos, fazia sucesso no mundo todo com a canção "If I Had a Hammer". O compacto foi número um nas paradas de 36 países e saiu no Brasil pelo selo Reprise, com a canção "America" no outro lado do disco. Mas a gravadora brasileira RGE tinha sido mais rápida e, pouco antes, lançara um disco com as mesmas canções. Só o nome do cantor era diferente: Prini Lorez. Meses depois, a Reprise lançou outro sucesso de Trini Lopez, "La bamba", versão de uma tradicional canção folclórica mexicana que havia sido gravada originalmente em ritmo de rock por Ritchie Valens (na certidão de batismo, Ricardo Valenzuela), um filho de mexicanos nascido em Los Angeles, morto em 1959, aos dezessete anos, em um desastre de avião que tirou também a vida de dois outros astros do rock, Buddy Holly e The Big Bopper. A RGE, então, contra-atacou imediatamente com o seu próprio compacto de "La bamba", na versão de Prini Lorez. "Modéstia à parte, meu disco era tão bom quanto o do Trini", diz Prini Lorez, ou melhor, José Gagliardi Filho, um roqueiro do bairro da Pompeia, em São Paulo.

O disco da RGE copiava o original em tudo. Os compactos de Trini Lopez lançados no Brasil foram tirados do LP *Trini Lopez at PJ's*, gravado ao vivo em uma famosa boate de Los Angeles. As versões de Prini Lorez, embora gravadas nos estúdios da RGE, no bairro da Luz, traziam várias pessoas gritando e batendo palmas, simulando uma gravação ao vivo. A imitação de "America" era tão fiel à original que começava com um apresentador dizendo, em inglês, a mesma frase que abria o disco gringo: *"And now, PJ's proudly presents..."* ("E agora, a PJ's orgulhosamente apresenta..."). E, quando Prini foi gravar "La bamba", o dono da RGE, José Scatena, lotou o estúdio de adolescentes e mandou que eles gritassem e aplaudissem. Entre os teens estava uma menina de dezessete anos, que cantava no grupo Teenage Singers: Rita Lee.

"Muita gente no Brasil não sabia que Trini e Prini eram cantores diferentes", conta Antonio Paladino, produtor musical e executivo de gravadora na época. Foi Paladino que sugeriu a José Scatena criar um clone brasileiro de Trini Lopez. E Scatena achou o homem certo para o papel quando viu Gagliardi Filho, o Zezinho, cantando na boate Lancaster, na rua Augusta. Na época, Zezinho tinha 22 anos, mas já era um veterano do rock paulistano, tendo fundado a banda The Rebels em 1959 e gravado compactos com o pseudônimo de Galli Júnior. Um de seus primeiros fãs foi Erasmo Carlos, que teve uma epifania ao entrar na Lancaster e ver Zezinho interpretando "What'd I Say", de Ray Charles. "Ele cantava igualzinho ao Ray Charles, era impressionante", recorda o "Tremendão". Na Lancaster, o público se surpreendia com a voz potente e a boa pronúncia de inglês do cantor. "Meu pai era bicheiro e tinha grana para pagar uma professora particular de inglês." E o nome Prini Lorez pegou: "Hoje, até minha mulher me chama de Prini".

Trini Lopez e Prini Lorez nunca se encontraram, mas o espectro do "duplo" brasileiro rondou o norte-americano nas duas vezes em que esteve no país. Em novembro de 1964, Trini cantou na TV Record e se surpreendeu ao ver um cartaz de Prini na parede.

"Um amigo que trabalhava na emissora disse que ele apontou pra minha foto e perguntou: '*Tiene plata?*', como se estivesse pensando em me processar", conta Prini. Quando Trini Lopez voltou ao Brasil, em 1986, fez amizade com Álvaro Freitas Filho, o Alvinho, guitarrista da banda American Grafitti, que lhe mostrou um disco de Prini Lorez. Trini aprovou: "Ele canta muito bem. Que bela voz!".

Confusões entre artistas nacionais e estrangeiros não eram incomuns no Brasil. Como os discos em inglês demoravam a ser lançados aqui, muitos clones acabavam chegando às lojas antes dos originais. Luiz Calanca, que em 1978 abriria em São Paulo a Baratos Afins, uma loja e gravadora importante do rock brasileiro, conta que, na década de 1960, discos estrangeiros chegavam a demorar dois anos para sair no país. "Eu trabalhava em farmácia e discotecava em bailinhos. A gente ouvia o Ronnie Cord e Renato & Seus Blue Caps cantando versões dos Beatles, antes de conhecer as músicas originais. Então, quando ouvíamos os Beatles achávamos que eles é que estavam imitando Renato & Seus Blue Caps."

Ronnie Von foi pivô de um caso emblemático desse atraso: no início de 1966, seu pai, membro do corpo diplomático brasileiro em Londres, trouxe para ele de presente o disco *Rubber Soul*, dos Beatles, que acabara de sair na Inglaterra. Semanas depois, Ronnie gravou "Meu bem", versão da música "Girl". "Um dia, eu estava ouvindo a rádio Bandeirantes e tocaram 'Girl'. No final, o locutor disse: 'Acabamos de ouvir 'Meu bem', com os Beatles.' Fiquei nas nuvens!", lembra Ronnie Von.

Um dos mentores de Prini Lorez, Antonio Paladino, havia transformado o negócio de material elétrico do pai na rua Augusta, a Eletroarte, em uma das melhores lojas de discos de São Paulo nos anos 1950. Ele fez amizade com alguns pilotos de avião, que traziam do exterior todos os lançamentos da época. A Eletroarte virou ponto de encontro de bandas, fãs de rock e programadores de rádios. A loja tinha uma seleção tão boa que se tornou fornecedora de discos para emissoras de rádio como Difusora e Excelsior, em São Paulo, e Mundial, no Rio de Janeiro. Não era raro Paladino chegar na loja às nove da manhã e encontrar um sujeito sentado na calçada. Era Big Boy – Newton Alvarenga Duarte, famoso disc jockey da época –, que vinha do Rio de Janeiro só para comprar discos. O trabalho na Eletroarte tornou Paladino um especialista em prever o gosto do público. Ele sabia quais discos tinham mais chances de vender e quais artistas faziam a cabeça da moçada. Também começou a perceber como as gravadoras demoravam a lançar certos discos. Havia músicas de grande sucesso no exterior que nem sequer saíam no país. Foi então que ele teve a ideia de montar grupos brasileiros para gravar músicas em inglês, valendo-se do atraso das gravadoras estrangeiras.

Em 1966, Paladino percebeu que duas músicas famosas no exterior não haviam sido lançadas no Brasil: "See you in september", do grupo The Happenings, e "Sunny", de Bobby Hebb. Ele procurou Hélio Costa Manso, cantor do grupo de rock paulistano The Mustangs, que fazia shows de covers em inglês, e contratou a banda para gravar um compacto com as duas canções. O disco saiu com o nome *The Happiness*. "O pessoal ouvia a música original no rádio e, sem saber o que tinha ouvido, dizia na loja: 'Ontem ouvi uma banda, não lembro direito o nome, acho que é *happy* não sei o quê…'. O vendedor, então, respondia: 'É essa', e sacava o nosso disco. O cliente sempre levava", conta Hélio.

O disco original do Happenings saiu no Brasil pelo pequeno selo Mocambo, enquanto o compacto "trambique" saiu pela RCA, uma grande gravadora estrangeira, o que prova que não eram apenas as empresas menores que apelavam para essas jogadas.

Hélio define a cena musical da época como "uma terra de ninguém", onde todos tentavam ser mais espertos que a concorrência. Os covers, porém, não eram ilegais. Para gravar um cover, bastava que a gravadora ou o artista pedisse autorização e pagasse à editora que representava o autor.

No fim dos anos 1960, a falta de informação do público e o pequeno número de brasileiros que falavam inglês foram fatores que incentivaram essa indústria dos falsos americanos. Além do Mustangs, conjuntos como Lee Jackson, Sunday, Kompha, Memphis e Watt 69 eram confundidos com grupos internacionais e faziam sucesso. O Sunday chegou a ter um programa na TV Excelsior, com o bizarro nome de *Sunday é sábado*. Os grupos faziam lotar as domingueiras de clubes tradicionais de São Paulo, como Paulistano, Harmonia, Pinheiros e Círculo Militar, onde atraíam um público de classe alta que tinha preconceito contra a música cantada em português. "Hoje é até ridículo dizer isso, mas a turma que frequentava esses clubes da elite paulistana tinha vergonha de ouvir Roberto Carlos", diz Dudu França, que, antes de ficar famoso como Dave D. Robinson, foi vocalista do Memphis. "O Roberto Carlos era considerado o cantor das empregadas."

O inglês imperfeito não era barreira. "Estudei quando garoto, mas falar mesmo eu não falava. A verdade é que eu nem sabia o que estava cantando", confessa Dudu. O grupo Os Pholhas escrevia letras juntando frases tiradas de um velho livro de conversação. Em "She Made Me Cry", cantava: *Then today I am alone/ I spend my time/ sweeping the floor/ the dust goes/ my mind flies* (Então hoje estou sozinho/ passo meu tempo/ varrendo o chão/ a poeira vai/ minha mente voa"). Fábio Jr. revelou ao pesquisador Marcelo Fróes que evitava até conversar com as fãs, para que não percebessem que Mark Davis não era americano: "Eu dava autógrafos, mas não podia falar nada com elas. Era tudo rápido e de óculos escuros". Chrystian, da dupla Chrystian e Ralf, foi gravar um disco em Nashville, nos Estados Unidos, produzido por Hélio Costa Manso. Gravou duas músicas. Quando terminou o trabalho, um técnico do estúdio perguntou alguma coisa a Chrystian, e o cantor, que não falava uma palavra de inglês, permaneceu mudo. O técnico ficou impressionado: "Como assim? Ele não fala inglês? Mas a pronúncia dele é perfeita!".

O fenômeno dos falsos estrangeiros, embora execrado pela crítica na época, foi importante por indicar um estágio de desenvolvimento da indústria de discos do país. Executivos sentiram que o público brasileiro estava gostando cada vez mais de música pop internacional e tentaram criar produtos especificamente para esse consumidor. Havia outro fator que incentivava as gravadoras a lançarem músicas em inglês: canções estrangeiras não passavam pelo Departamento de Censura e, portanto, não corriam risco de serem proibidas.

Os falsos gringos ficaram tão populares que acabaram nas trilhas das novelas: Hélio Costa Manso e a irmã, Maria Amélia, que depois seria cantora do grupo de discoteca Harmony Cats, gravaram com a banda Sunday uma versão de "I'm Gonna Get Married", do norte-americano Lou Christie, para a novela *Super plá* (1969-70), da TV Tupi. A faixa foi produzida por – quem mais seria? – Antonio Paladino.

Dave Maclean (José Carlos Gonsales) gravou "Me and You" para a novela *Os ossos do barão* (1973/74), da TV Globo, e Chrystian lançou "Don't Say Goodbye" na trilha de *Cavalo de aço* (1973), da mesma emissora. Mesmo sem falar inglês, Fábio Jr. escreveu a letra de "Don't Let Me Cry", tributo a uma namorada que morrera no incêndio do edifício Joelma, ocorrido em São Paulo em 1974.

A canção dizia: *"Goodbye, goodbye, what can I say/ You fly, you fly to another day"* ("Adeus, adeus, o que posso dizer?/ Você voa, você voa, para um outro dia"). No mesmo ano, a música foi destaque na novela *A barba azul*, da TV Tupi.

Cantar em inglês foi o caminho que muitos artistas encontraram para obter algum destaque na cena musical. O idioma, entretanto, limitava a chance de conseguirem um sucesso mais duradouro. "As bandas que tocavam nos anos sessenta, como Sunday, Lee Jackson, Memphis, Kompha e Watt 69, é que deveriam ter criado o rock nacional do Brasil", diz Hélio Costa Manso. "A gente tinha o aparato tecnológico, tinha expertise para tocar Beatles, Led Zeppelin e Deep Purple, tinha tudo na mão. Mas havia um problema: tínhamos vergonha de cantar em português. Se nós tivéssemos enxergado que poderíamos ter sido ídolos cantando rock em português, a revolução que chegou nos anos oitenta teria chegado em 1971 ou 72."

Em 1975, enquanto alguns artistas pop começavam a se alinhar com a lógica de mercado e a fazer discos que atendiam às expectativas do público e da mídia, outros seguiam um rumo oposto, lançando trabalhos cada vez mais radicais e desafiadores. Foi o caso de Raul Seixas.

Depois do sucesso de *Gita*, ele confrontou público e crítica com *Novo Aeon*, um disco com letras enigmáticas, em que fazia apologia dos ensinamentos do ocultista inglês Aleister Crowley e desafiava o cristianismo. "Raul morreu dizendo que era seu disco predileto. Foi o mais visceral que ele fez, e foi um fracasso de vendas", diz Sylvio Passos, amigo do compositor e presidente de seu fã-clube. A novidade do LP foi a presença de um novo parceiro, Marcelo Ramos Motta, coautor de cinco faixas. Aos 44 anos, Motta era líder da seção brasileira da OTO (Ordo Templi Orientis), também chamada Ordem da Besta, uma organização religiosa fundada na Europa no início do século XX, da qual Crowley fizera parte.

Quem apresentou Raul a Marcelo Ramos Motta foi Paulo Coelho. Em 1972, antes de fazer sucesso mundial com livros como *O diário de um mago* e *O alquimista*, Paulo Coelho, então com 25 anos, ganhava a vida escrevendo artigos para revistas esotéricas. Acabou conhecendo Marcelo Ramos Motta, que se dizia "o herdeiro de Crowley no Brasil", e ficou intrigado com os ensinamentos do bruxo inglês, que lhe pareceram um antídoto ao clima repressivo e careta mantido pela ditadura brasileira. Em 19 de maio de 1974, Paulo decidiu ingressar oficialmente na OTO, abandonando seu "nome profano" e assumindo uma nova identidade, "Luz Eterna". Mas seu namoro com a OTO durou pouco.

Na biografia *O mago*, o jornalista Fernando Morais relata que, seis dias após ingressar na Ordem, Paulo Coelho teve um assustador encontro com o demônio. Seu apartamento – dele, Paulo, não do demônio – foi tomado por nuvens negras, odor fétido e um barulho ensurdecedor. Pouco tempo depois, ele foi preso pelo Departamento de Ordem Política e Social, o temido Dops, que o interrogou sobre o disco *Krig-ha, bandolo!*, suspeito de ser subversivo. Assustado com os acontecimentos "macabros", Paulo escreveu uma carta à OTO, em 6 de julho de 1974, pedindo seu desligamento. Isso não o impediu, entretanto, de ajudar Raul a escrever letras diabólicas para o LP *Novo Aeon*, batizado em homenagem à era iniciada, segundo Crowley, em 1904, quando ele próprio guiaria o mundo conforme o mandamento da Thelema: "Faze o que tu queres, há de ser tudo da lei".

Em "Rock do diabo", Paulo e Raul satirizavam a concepção cristã e popular do demo: "Existem dois diabos/ só que um parou na pista/ um deles é o do toque/ o outro é o do *Exorcista*", referindo-se ao famoso filme de William Friedkin, de 1973. Em "Eu sou egoísta", uma das parcerias com Marcelo Ramos Motta, Raul canta: "Se você sente receio do inferno/ do fogo eterno, de Deus, do mal/ eu sou estrela no abismo do espaço/ O que eu quero é o que eu penso e o que eu faço/ onde eu tô não há bicho-papão". Mais contundente era "Novo Aeon", escrita com Marcelo Ramos Motta e Cláudio Roberto: "Sociedade Alternativa/ sociedade Novo Aeon/ é um sapato em cada pé / é direito de ser ateu/ ou de ter fé/ ter prato entupido de comida/ que você mais gosta/ é ser carregado, ou carregar/ gente nas costas/ direito de ter riso e de prazer/ e até direito de deixar Jesus sofrer".

Além do cristianismo, outro alvo constante do disco era a apropriação da contracultura pelo *establishment*. Em entrevista à revista *Bizz*, em 1986, Raul afirmou: "Digo isso na música 'A verdade sobre a nostalgia': 'Mamãe já ouve Beatles, papai já desbundou/ com meu cabelo grande/ eu fiquei contra o que eu já sou'. Esse movimento todo [a contracultura] foi por água abaixo porque o sistema se utilizou disso, e os jovens não notaram que estavam comprando roupa hippie. Como os punks, comprando roupa punk, raspando a cabeça e cantando músicas que o sistema comercializa. Não é assim que se entra. Tem de entrar em buraco de rato, não como esses conjuntos que a Globo faz, que são meteoros e são 'sucumbidos'. As coisas pré-fabricadas não duram".

Raul Seixas e Paulo Coelho não foram os únicos artistas atraídos pelo ocultismo. No mesmo ano em que era lançado *Novo Aeon*, dois outros admiradores de Crowley – David Bowie e Jimmy Page – passaram uma temporada juntos em Los Angeles, discutindo a filosofia do mestre. Bowie ficou semanas trancado em um hotel, cheirando cocaína, desenhando pentagramas na parede e memorizando trechos dos livros de Crowley – uma de suas frases prediletas era: "Dê cocaína a um homem que já é sábio e, se ele realmente for mestre de seu próprio destino, ela não fará mal a ele". No ano seguinte, Bowie lançou *Station to Station*, disco inspirado nos ensinamentos do bruxo. Jimmy Page, líder do grupo inglês Led Zeppelin, era obcecado por Crowley e colecionava tudo sobre ele. Comprou até uma propriedade da "Besta" à beira do lago Ness, na Escócia, chamada Boleskine House, que Crowley considerava um lugar sagrado.

Na virada da década de 1960 para a de 1970, com as mortes de Brian Jones (Rolling Stones), Jimi Hendrix, Janis Joplin e Jim Morrison, os crimes de Charles Manson, a escalada da Guerra do Vietnã e o fim dos Beatles, ficou claro que a época do idealismo hippie chegava ao fim. O senso de coletividade e esperança dos anos 1960 deu lugar a um sentimento de frustração e paranoia, alimentado pela droga que havia substituído o LSD na preferência geral: a cocaína.

A contracultura e os movimentos liberais levaram vários golpes: em 1968, Martin Luther King e Robert Kennedy foram assassinados, Richard Nixon venceu a eleição americana, e tanques do Pacto de Varsóvia aniquilaram a Primavera de Praga. O conflito no Vietnã só piorava, apesar dos protestos populares. Assim, o "barato" não era mais dar abraços coletivos em festivais de rock ou meditar em comunas impregnadas de incenso, mas passar dias escondido em um canto escuro, cheirando pó e esperando o fim do mundo. Não foi à toa que o final da década de 1960 foi marcado por um forte interesse pelo ocultismo e pelo sobrenatural.

Em sua autobiografia, *Faithfull*, a cantora e compositora Marianne Faithfull, namorada de Mick Jagger na época, disse acreditar que o líder dos Rolling Stones encarnava espíritos malignos:

"Ele reunia todas essas forças negativas em entidades e, por meio desses impulsos destrutivos, criou os personagens mais incríveis: Midnight Rambler, Lúcifer, Jumpin' Jack Flash. São manifestações de forças malignas e caóticas, o poder insano que causou muitas das mortes dos anos sessenta". Os Stones nunca esconderam seu fascínio pelo ocultismo. Em 1967, lançaram o disco *Their Satanic Majesties Request*. No ano seguinte, gravaram a música "Sympathy for the Devil" [Simpatia pelo diabo].

Em 1966, o ocultista norte-americano Anton LaVey fundou na Califórnia a Igreja de Satã, que se popularizaria três anos depois com o lançamento da *Bíblia Satânica*. LaVey pregava o culto ao eu, ao individualismo, em oposição à adoração a entidades "externas". A Igreja de LaVey defendia o hedonismo e rejeitava o cristianismo e sua noção de pecado.

LaVey era um verdadeiro *radical chic* e atraiu várias celebridades para a Igreja de Satã. Entre os primeiros convertidos estavam a atriz Jayne Mansfield, o pianista Liberace e o cantor e ator Sammy Davis Jr. Voluptuosa *sex symbol* do cinema, Mansfield ficou deslumbrada com a ideia de uma igreja que encorajava sua sexualidade, mas não teve muito tempo de se aprofundar nos ensinamentos: morreu em um acidente de carro, poucos meses depois. O extravagante Liberace nunca admitiu ser satanista, apesar de frequentar os cultos e ser amigo de Anton LaVey. Mas isso não queria dizer muita coisa: Liberace também morreu negando ser homossexual.

Já o talentoso Sammy Davis Jr. começou a se interessar pelos aspectos libertários da Igreja de Satã em 1968, quando participou de uma orgia promovida por associados (por uma coincidência mórbida, encontrou na bacanal seu cabeleireiro, Jay Sebring, famoso personagem do jet set hollywoodiano que inspirou o filme *Shampoo*, de Hal Ashby, e seria assassinado no ano seguinte, junto com a atriz Sharon Tate, em um dos massacres da gangue de Charles Manson). Davis Jr. era um espírito rebelde e se sentiu atraído pelo hedonismo e liberdade da Igreja de Satã. Ele havia sofrido muito preconceito por ser negro, especialmente depois que se casara com a atriz sueca May Britt. Também não esquecia a violência que sofrera nas mãos de Johnny Roselli, um mafioso que, a pedido do chefão da Columbia Pictures, Harry Cohn, sequestrara o cantor e o ameaçara de morte caso não terminasse seu namoro com a atriz Kim Novak. Cohn temia que a revelação do romance inter-racial prejudicasse a carreira de Novak. E não era segredo que Cohn havia adquirido a Columbia Pictures com dinheiro da Máfia.

Do outro lado do Atlântico, os Beatles também foram seduzidos pelo oculto. Na capa de *Sgt. Pepper's Lonely Hearts Club Band*, de 1967, John, Paul, George e Ringo aparecem diante de personalidades como Oscar Wilde, Sigmund Freud, Lewis Carroll e Marlene Dietrich. Na fila do alto, espremido entre o guru indiano Sri Yukteswar e a atriz Mae West, havia uma figura gorda e careca: Aleister Crowley.

Não é difícil entender por que Crowley foi tão popular durante a contracultura: sua filosofia parecia ter sido feita de encomenda para a geração hippie. Ele defendia a sabedoria oriental e dizia que sexo e drogas eram sacramentos divinos, o que casava perfeitamente com o espírito de liberdade e experimentação da época. Os princípios da Lei de Thelema – "Faze o que tu queres, há de ser tudo da lei", "Toda mulher e todo homem são estrelas", "O amor é a lei" – eram repetidos por muitos que consideravam Crowley um guru libertário. John Lennon comentou a presença do bruxo na capa do *Sgt. Pepper's*: "A ideia dos Beatles era justamente fazer o que queríamos, certo? Faça o que tu queres, contanto que não machuque ninguém".

Até 1972, Raul Seixas nunca tinha ouvido falar de Aleister Crowley. Quando conheceu Paulo Coelho, Raul tinha 27 anos e era o protótipo do careta: andava sempre de terninho e cabelo penteado, carregava uma pasta 007 e nunca havia tomado drogas. A parceria com Paulo Coelho, dois anos mais novo que ele, foi um momento capital não só na vida de Raul, mas na história do pop-rock brasileiro. Entre 1973 e 1976, a dupla lançou quatro discos – *Krig-ha, Bandolo!*, *Gita*, *Novo Aeon* e *Há 10 mil anos atrás* – que estabeleceram um padrão até hoje inigualado de ecletismo musical. No caldeirão dos dois valia tudo: rock, iê-iê-iê, xaxado, forró, tango, country, black music, funk, brega e sertanejo. Nada era proibido ou esquisito demais. "Quando eu contratei o Raul Seixas para a Philips, nem sabia direito se era pra cantar, compor ou produzir", lembra Roberto Menescal. "Liguei pro Midani e disse: 'André, contratei um cara da pesada!'. Ele me perguntou: 'Pra quê?', e eu respondi: 'Não sei ainda, só sei que esse cara precisa estar com a gente!'."

Raul tinha sido produtor de discos para a CBS e chegou a compor algumas músicas de sucesso para Jerry Adriani e Diana. Entendia o mercado e tinha larga experiência de trabalho em estúdios, além de conhecer música como poucos. Já Paulo Coelho, mesmo sem experiência musical, sempre demonstrou grande tino para negócios. O produtor Mazzola lembra, em sua autobiografia, que foi Paulo que sugeriu lançar o compacto de "Ouro de tolo" com uma passeata na avenida Rio Branco, no centro do Rio, que atraiu jornais e emissoras de TV e de rádio. "Paulo [...] podia ser um 'hiponga' que escrevia sobre discos voadores e outras esquisitices, porém tinha uma visão comercial aguçadíssima."

"Ouro de tolo" era uma sátira corrosiva do "milagre econômico" e da ditadura de Médici. Na letra, Raul fazia uma brilhante contraposição dos sonhos de consumo da classe média – "o emprego", o "Corcel 73", o "morar em Ipanema" – com a necessidade de alçar voos maiores: "Porque foi tão fácil conseguir/ e agora eu me pergunto 'e daí?'/ Eu tenho uma porção de coisas grandes pra conquistar/ e eu não posso ficar aí parado". A canção trazia alguns dos versos mais bonitos de Raul: "Eu que não me sento no trono de um apartamento/ com a boca escancarada, cheia de dentes/ esperando a morte chegar...".

Em 1974, quando lançou *Gita*, Raul abandonou os terninhos e a gravata, deixou o cabelo crescer, começou a se drogar e assumiu o papel de guru. A partir de então, ele se tornaria o maior símbolo da contracultura brasileira. Sylvio Passos diz que Paulo incentivava Raul a encarnar o personagem do guru: "Claro que o Raul fez isso porque quis, mas o Paulo sempre deu força. E era difícil não querer ser guru quando rolava tanta cocaína, dinheiro e mulher. Raul passou a viver o personagem. Depois não conseguiu mais se livrar dele e passou a vida inteira negando, dizendo que não era guru coisa nenhuma".

No disco, além das faixas "Sociedade Alternativa" e "Gita", que falam claramente sobre Aleister Crowley, outras músicas traziam alusões ao ocultista inglês e à sua obra, como "Trem das sete", com o verso "Vem trazendo de longe as cinzas do velho Aeon". Se o "novo Aeon" seria a era de Thelema, prevista por Crowley, o "velho Aeon" seria aquela que estava acabando: a era cristã. Em "S.O.S.", música copiada de "Mr. Spaceman" (1966), do grupo norte-americano The Byrds, Raul incluiu o verso: "Andei rezando para totens e Jesus/ jamais olhei pro céu/ meu disco voador, além".

Já a letra de "Loteria da Babilônia" – título inspirado em um conto do argentino Jorge Luis Borges, um dos escritores favoritos de Paulo Coelho – narra vários acontecimentos da vida de Aleister Crowley. Quando Raul canta "Você já cumpriu os doze trabalhos", refere-se não a Hércules e seus doze trabalhos, mas aos doze "livros sagrados" que Crowley escreveu entre 1907 e 1911, supostamente sob a influência de um espírito. O verso "e demonstrar o teorema da vida/ e os macetes do xadrez" não se refere a uma prisão, mas ao jogo de xadrez, do qual Crowley era praticante fervoroso. Finalmente, o verso "assinou duplicatas, inventou baralhos" remete às cartas de tarô que a pintora, mágica e ocultista inglesa Frieda Harris fez a pedido do amigo Aleister Crowley.

Raul Seixas e Paulo Coelho sonhavam em criar uma comunidade na cidade fluminense de Paraíba do Sul, que seria a sede da Sociedade Alternativa. A ideia era inspirada na Abadia de Thelema, uma comunidade que Aleister Crowley fundara em uma vila na Sicília, Itália, em 1920. Segundo relatos da época, Crowley e seus discípulos realizavam ali bacanais e cerimônias mágicas nas quais espíritos eram invocados e mulheres faziam sexo com bodes. Mas a Sociedade Alternativa de Raul e Paulo nunca saiu do papel. Outro sonho da dupla era fazer sucesso nos Estados Unidos. Raul chegou a gravar músicas de *Krig-ha, Bandolo!* e *Gita* em inglês, com traduções feitas por Marcelo Ramos Motta, mas o projeto não vingou.

Também não durou muito a parceria com Paulo Coelho. Em 1976, os dois lançaram o disco *Há 10 mil anos atrás*. Logo depois, Paulo decidiu passar uma temporada em Londres, e Raul chamou outro parceiro, Cláudio Roberto, para gravar *O dia em que a Terra parou* (1977). Paulo e Raul tentariam reatar a parceria no LP *Mata virgem* (1978), mas logo voltaram a se separar. Sylvio Passos diz que a saída de Paulo mexeu com a cabeça de Raul. "De repente, o Gepeto sumiu e deixou o Pinóquio sozinho."

A separação marcou o início de uma fase de mudanças na carreira de Raul: ele cortou o cabelo, jogou fora a vestimenta hippie e abandonou de vez a imagem de guru da contracultura.

No videoclipe de "Maluco beleza", principal faixa de *O dia em que a Terra parou*, aparecia sem barba, de terno e gravata, andando pela praia de Ipanema com uma pasta de executivo. Para quem havia desafiado o sistema com "Ouro de tolo", o "Maluco beleza" de Raul soava bem mais complacente ("Controlando a minha maluquez", dizia um dos versos). Sylvio Passos lembra que o disco encalhou: "Você entrava em qualquer loja e tinha prateleiras inteiras de *O dia em que a Terra parou* a dois cruzeiros. O público estava esperando o Raul messiânico, o Raul guru, mas o Raul de verdade estava mais pra Lou Reed, com uma banda de rock pesado, e o público não gostou".

Os anos 1980 não foram felizes para o compositor. Ele fez bons discos, como *Abre-te, Sésamo* (1980), e teve um rápido sucesso com a faixa infantil "Carimbador maluco", tema do programa *Plunct, plact, zuuum*, da TV Globo. Mas a cocaína e o álcool vinham acabando com ele. A maior prova de que Raul estava esquecido é que ele nem foi chamado para tocar no primeiro Rock in Rio, em 1985. "Ninguém queria saber do Raul, ele era considerado um mala, um sujeito acabado", disse Marcelo Nova, parceiro e amigo, no documentário *Raul: O início, o fim e o meio*, de Walter Carvalho.

Os fãs, entretanto, nunca esqueceram Raul. No início de 1985, enquanto centenas de milhares de pessoas se espremiam no Rock in Rio, ele fazia um show em São Bernardo do Campo, São Paulo, no Teatro Lauro Gomes. Na plateia estava Carlos Alberto Amorim Menezes, um admirador. "O Raul estava bêbado demais. Ele mal conseguia cantar. Aquele não era meu guru, não era o cara que tinha mudado minha vida." Transtornado com o estado em que se encontrava o ídolo, Menezes, que se apresentava em festas e bailes cantando músicas de Raul, decidiu organizar uma série de shows chamada S.O.S. Raul. "O título era ambíguo, tanto podia significar que nós, os fãs, iríamos dar uma força pro Raul quanto um pedido para que ele nos ajudasse." Para Sylvio Passos, o S.O.S. Raul foi o começo de um fenômeno único no pop brasileiro: a onda de sósias do artista. Amorim Menezes concorda: "Muitos vieram aos shows fantasiados de Raul, e então começaram a surgir vários clones". Mas o fenômeno explodiu mesmo depois da morte de Raul, quando ele passou de estrela do rock a culto e o grito de "Toca Raul!" – um fenômeno espontâneo de origem desconhecida e que passou a ser ouvido em qualquer show de rock no país – se espalhou pelo Brasil.

Raul Seixas estava sozinho em sua casa quando morreu, em São Paulo, em 21 de agosto de 1989, vítima de uma parada cardíaca. O artista que disse que nunca iria se sentar no trono de um apartamento com a boca escancarada, cheia de dentes, esperando a morte chegar, fez justamente isso.

1976
Meu mundo e nada mais

Pops e patrulhados

Guilherme Arantes já estava acostumado com as ironias e brincadeiras de seus colegas da Faculdade de Arquitetura e Urbanismo da USP. Era só ele aparecer nos corredores da escola para alguém gritar: "Lá vem o *ídalo!*". Guilherme não estava entre os melhores alunos da FAU; faltava muito às aulas e atrasava com os trabalhos. Era compreensível: não devia ser fácil se concentrar nos estudos depois de passar a noite tocando em shows para 5 mil pessoas ou ser esmagado por fãs histéricas no auditório do Chacrinha.

No início de 1976, um diretor da Som Livre, Otávio Augusto Cardoso, cantor que gravara em inglês com o nome de Pete Dunaway, chamou Guilherme para fazer um compacto. A música foi "Meu mundo e nada mais". Guto Graça Mello gostou e incluiu a canção na novela *Anjo mau*, da TV Globo. Os colegas de Guilherme na FAU caíram matando. "Eles associavam a Som Livre e a Globo aos militares, e eu entrei nesse balaio. Eu era considerado um intelectual de segunda linha, um ídolo artificial criado pela Som Livre", conta o compositor.

O compacto foi o primeiro lançamento de Guilherme Arantes depois do fim de seu grupo de rock progressivo, o Moto Perpétuo. "Meu mundo e nada mais" era uma canção romântica sobre traição: "Quando eu fui ferido/ vi tudo mudar/ das verdades que eu sabia/ só sobraram restos/ que eu não esqueci". Foi um sucesso imediato e transformou o cantor, aos 22 anos, em "ídalo". Com sua pinta de galã teen, ele causava frenesi nos programas de TV, e sua imagem decorava pôsteres em quartos de adolescentes: "Teve uma época em que eu tinha raiva de ser bonito, porque os compositores importantes eram feios. Eu tinha uma puta inveja do Zé Ramalho, por exemplo. Mas havia um preconceito na época, e acho que existe até hoje, de que uma pessoa bonita não pode querer tudo. Além de bonita, também quer ter talento? Que negócio é esse?".

Além das fãs que lotavam os auditórios do Bolinha, do Chacrinha e de Raul Gil, havia mais gente prestando atenção em Guilherme Arantes. Lulu Santos, que em 1976 tocava na banda de rock Vímana, considera "Meu mundo e nada mais" o *"big bang* do novo pop brasileiro". Seu parceiro na banda, o inglês Richard David Court, mais conhecido por Ritchie, lembra o choque que sentiu ao ouvir a canção pela primeira vez: "Era uma coisa supermoderna, bem-feita, completamente antenada com o que estava ocorrendo no exterior. O Guilherme sempre teve um talento incrível para fazer pop. Ele pode cantar a lista telefônica que todo mundo vai parar pra ouvir".

Em 1976, qualquer cantor pop romântico que tocava piano era logo comparado a Elton John, o papa do estilo. Mas Guilherme não o cita entre suas maiores influências: "Eu fazia baladas na linha do Pink Floyd e do Genesis. No Brasil não se fazia isso. Eu também tinha influência do Milton Nascimento e do Clube da Esquina, adorava o piano do Wagner Tiso e acabei me tornando um pouco o filho bastardo do Clube da Esquina". Além de Elton John, é impossível não lembrar Eric Carmen, outro ídolo teen, que fez sucesso no mundo todo com "All By Myself", uma balada romântica tocada ao piano.

Guilherme vinha de uma família paulistana de classe média alta. O pai havia sido presidente de uma importante multinacional do ramo farmacêutico, e por pouco a família não foi morar na

Suíça. Apesar da origem nada modesta, a ambição musical do compositor tendia para o popular: "Eu sempre quis tocar no Chacrinha".

"Meu mundo e nada mais" é uma síntese perfeita do estilo que consagraria Guilherme Arantes: uma letra simples, cantada com paixão e peito aberto, e um refrão bombástico, daqueles de levantar grandes plateias. Nem sinal dos sussurros contidos e melancólicos dos cantores da Bossa Nova. Guilherme achava que a geração da MPB engajada usava muitas metáforas nas letras, por causa da censura, e tentou fazer canções mais diretas, que se comunicassem bem com o público. "Meu estilo era ingênuo, quase *naïf*. Eu gostava muito dos poemas de Maiakóvski, e queria fazer uma música que tivesse aquela fulguração poética, aquele rompante franco de Maiakóvski. ("Escutai! Se as estrelas se acendem, será por que alguém precisa delas?") Foi dentro de um ônibus, em São Paulo, que Guilherme escreveu "Amanhã" ["Amanhã/ será um lindo dia/ da mais louca alegria/ que se possa imaginar"], inspirado pelo poeta russo e por uma música de Chico Buarque chamada "Basta um dia", que ele considerava uma obra-prima ["Pra mim/ basta um dia/ não mais que um dia/ um meio dia/ me dá/ só um dia/ e eu faço desatar/ a minha fantasia"].

"Meu mundo e nada mais" marcou o início da parceria de Guilherme Arantes com Guto Graça Mello. A partir dali, o compositor seria um dos maiores fornecedores de músicas para a TV Globo. Fez outras 23 canções que foram parar em novelas, como "Amanhã" (*Dancin' days*, 1978), "Deixa chover" (*Baila comigo*, 1981) e "Um dia, um adeus" (*Mandala*, 1987). "O Guto Graça Mello foi o grande mentor da nossa geração. Foi ele que incentivou a carreira de todo mundo: a minha, dos Novos Baianos, do Djavan, do Alceu Valença e da Rita Lee, depois que ela saiu dos Mutantes. Ele é um cara fundamental desse período."

A popularidade fez com que a crítica associasse Guilherme Arantes à música brega. Mas, quando artistas precisavam de um hit, eles sabiam a quem recorrer. "A Elis me ligou, ela queria um sucesso de qualquer jeito", lembra o compositor. Guilherme mostrou à cantora duas músicas, "Só Deus é quem sabe" e "Aprendendo a jogar". A primeira havia sido composta para Roberto Carlos, mas o "Rei" não se interessou: "Fiz uma besteira; no meu encontro com o Roberto eu estava vestindo calça marrom e uma jaqueta roxa; não sabia que ele não gostava de marrom". Elis gravou as duas canções, e "Aprendendo a jogar", um funk dançante, estourou nas rádios FM. A colaboração com a cantora rendeu a Guilherme o respeito, embora tardio, de seus colegas da FAU. "Teve um amigo, o Rafic Farah, hoje um arquiteto e designer conhecido, que disse: 'Agora que a Elis gravou músicas suas, serei obrigado a reavaliar a sua obra'."

Além da "reavaliação" dos amigos, Guilherme ganhou outro presente: começou a namorar Elis. "Ela se apaixonou por mim no dia em que me viu dando papinha para a Maria Rita", diz, referindo-se à filha de Elis com o pianista Cesar Camargo Mariano. "Ela achou que eu era um novo modelo de homem, mais sensível, não aquele tipo 'uisqueiro' que ela conhecia da Bossa Nova. Porque aqueles caras, como Bôscoli [com quem Elis fora casada] e Vinicius, por mais que conhecessem a alma feminina, eram uns puta machistas." O romance de Guilherme e Elis durou menos de quatro meses. A cantora queria que ele fosse seu diretor musical e ficou decepcionada quando Guilherme recusou: "Eu não tinha capacidade ou experiência para fazer um trabalho como o do Cesar Camargo Mariano, que era um músico excepcional. Na época, Elis e Cesar estavam se separando, e isso mexeu muito com a cabeça dela".

Guilherme Arantes foi um grande vendedor de discos na virada dos anos 1970 para os 1980, mas sua consagração pessoal viria em 1987. Naquele ano, nomes importantes da MPB e do rock brasileiro se reuniram no apartamento de Chico Buarque, no Rio de Janeiro, para discutir propostas de mudanças no Escritório Central de Arrecadação e Distribuição, o Ecad, responsável pela arrecadação dos direitos autorais de músicas. Além de Chico e Guilherme, estavam presentes Tom Jobim, Paulinho da Viola, Nelson Motta e integrantes dos grupos Paralamas do Sucesso e Kid Abelha. Em um intervalo das discussões, Tom Jobim se voltou para Guilherme e disse: "Tem uma coisa que eu queria te contar há muito tempo: eu acho suas músicas lindas. Você é um compositor excelente. As suas canções têm harmonias bem-feitas. Várias vezes eu tive inveja de você como compositor".

Guilherme conta que saiu do apartamento flutuando por causa das palavras de Tom Jobim: "Não consegui dormir direito por vários dias. Aquilo foi importante pra mim. Tom era uma pessoa muito humana e querida, que deu força pra muita gente. Ele não tinha inveja de ninguém. Tom foi o mais bonito de todos, o mais exitoso, e receber um elogio daqueles foi um presente. Chorei muito quando ele morreu".

A razão do sucesso que obteve ainda é um mistério para Guilherme Arantes. "Juro que não sei como aquilo aconteceu", diz. "O povão compra música por razões misteriosas e inexplicáveis. Outro dia, encontrei o Mano Brown [líder do grupo de rap Racionais MC's] e ele falou que era meu fã, que a mãe, as tias, as primas, todo mundo lá no Capão Redondo adorava as minhas músicas. E ainda me disse uma coisa bem legal: que não adianta o artista querer ser popular, ele tem de fazer música com sinceridade. O povão é que vai decidir se compra ou não."

A metade dos anos 1970 foi marcada por um intenso conflito ideológico na música brasileira, em que o público mais "sofisticado" e "politizado", que curtia a MPB combativa de Chico Buarque, Gonzaguinha, Elis e companhia, via o pop como um elemento de alienação das classes sociais mais baixas. O patrulhamento que Guilherme Arantes sofreu de seus colegas da FAU aconteceu, de diferentes maneiras, com quase todos os artistas populares da época.

Até Caetano e Gil, que foram forçados a se exilar durante a ditadura, foram alvos do patrulhamento, especialmente depois que fizeram discos mais comerciais no fim daquela década. Caetano brigou com jornalistas depois de lançar *Bicho* (1977), um LP pop, em que flertava com a música dançante em faixas como "Odara" ("Deixa eu dançar/ pro meu corpo ficar odara"). Gilberto Gil também foi atacado. Em entrevista com o compositor sobre o lançamento do disco *Refavela* (1977), publicada em O *Globo*, a jornalista e crítica Ana Maria Bahiana escreveu: "Ultimamente, Gil não vinha sendo inquirido sobre os problemas e qualidades de sua música, mas sobre posições existenciais e políticas [...]. Conformista, alienado, escapista, ditador e nazista foram alguns de seus novos epítetos".

Na entrevista, Gil disse: "É a música que eu gostaria de fazer, como fiz, [é] um trabalho de revisão, de readaptação ao meu contexto atual, à minha forma de ver, ao contexto em que minha música atua, que é um contexto *funky*, dançante, *discothèque*, sei lá, que é um contexto que eu estou tentando abordar aos poucos, uma coisa para a qual minha música se encaminha cada vez mais. Quer dizer, o consumo de agora". Na mesma entrevista, o compositor baiano conta sobre um show que havia feito no colégio Equipe, em São Paulo, quando foi chamado de "nazista" e "ditador" por pessoas da plateia, que interromperam a apresentação para cobrar dele posições sobre a repressão da ditadura. "Eu não me sentia na obrigação de responder porque eu tinha ido ali cantar, quer dizer, zelar pelo mito da arte, do exercício dessa arte."

Muitos artistas que faziam sucesso por volta de 1976 experimentaram várias formas de patrulhamento, tanto musical quanto político. Nomes ligados a um tipo de música mais comercial foram criticados por suposta alienação. Parecia que sucesso era sinônimo de entreguismo. Gente como Robertinho de Recife, Fafá de Belém, Benito Di Paula e Odair José, artistas relevantes do período, se viram cara a cara com as patrulhas e foram excluídos por um longo tempo da história oficial da música brasileira dos anos 1970.

"O pop é música do povo, e os músicos que tinham um pé no pop foram desbravadores", diz o guitarrista e produtor Robertinho de Recife. "Claro que muita gente foi censurada pelos militares, mas as pessoas que gostavam desses artistas sabiam disso e acabaram conhecendo as músicas de uma forma ou de outra. Pior mesmo foi a censura da mídia e do mercado, a censura das rádios, TVs e gravadoras, que era uma censura comandada e acabou com a carreira de muita gente."

Considerado um virtuose da guitarra quando ainda era adolescente, Robertinho teve uma carreira das mais ecléticas: tocou com artistas tão diferentes quanto Hermeto Paschoal e Xuxa, John Lee Hooker e Agnaldo Timóteo. Seus créditos incluem trabalhos com Fagner, Andy Summers [The Police], Elba Ramalho, Amelinha, Zé Ramalho, Moraes Moreira, Gal Costa, Martinho da Vila, Elymar Santos e Rosana. Robertinho gravou blues, músicas para crianças, heavy metal e música clássica. Fez sucesso com a canção infantil "O elefante" e com o grupo pop Yahoo, com quem lançou hits como "Mordida de amor" e "Anjo". "Quando eu comecei, havia um preconceito danado contra a guitarra. O pessoal via o 'de Recife' no meu nome e dizia que eu deveria tocar viola, não guitarra. Eu até toco viola, gosto muito, mas o meu negócio sempre foi a guitarra e a música pop."

Robertinho tinha dezesseis anos e tocava em conjuntos de baile do Recife quando foi convidado a ir aos Estados Unidos fazer teste para uma banda de country. Acabou no Watchpocket, grupo de blues-rock de Memphis ligado a Steve Cropper, guitarrista de Booker T & the M.G.'s, banda de estúdio do selo Stax e que gravou discos clássicos de Otis Redding e Sam & Dave. Robertinho excursionou com o Watchpocket e pensou em se mudar para os Estados Unidos, mas teve de voltar ao Brasil em 1971 por causa de problemas com o visto de permanência. Quando retornou ao Recife, estava esquelético e viciado em heroína. "Minha mãe mal me reconheceu no aeroporto. Quando me viu, começou a chorar: 'O que fizeram com você, meu filho?'." Em uma festa em Jackson, no Estado de Mississippi, Robertinho tomou uma overdose de "pó de anjo" [fenilciclidina] e quase morreu. Usava mescalina, ácido, cocaína e barbitúricos com regularidade. Voltou ao Recife e sofreu uma crise de abstinência de drogas tão intensa que pensou em se matar. "Só faltou eu tomar querosene, de tão desesperado."

Ele se voltou para a religião. Acabou em um seminário, tocando música religiosa. Fagner o viu em um show e, impressionado, convenceu o guitarrista a voltar à cena musical. Também produziu seu primeiro disco solo, *Jardim da infância* (1977). No Rio de Janeiro, Robertinho se tornou um dos guitarristas mais requisitados para shows e gravações. Lançou alguns discos próprios, mas logo se desiludiu com o mercado e passou a se concentrar no trabalho de produtor e músico. Seus solos de guitarra estão em alguns grandes hits do pop brasileiro, como "Revelação" (1978) e "Noturno" (1979), de Fagner. Seu sucesso e ecletismo musical causaram muitas críticas: "Chegou uma hora em que eu parei de me importar com o que falavam de mim. Parecia que fazer sucesso era pecado".

Maria de Fátima Palha de Figueiredo teve uma trajetória parecida: enquanto cantava para poucos amigos na Zona Sul carioca, era aceita e benquista. Assim que fez sucesso comercial, seu status mudou. Ainda menina, Maria de Fátima – ou Fafá – cantava Bossa Nova e músicas de Maysa em saraus na sua cidade natal, Belém. Aos catorze anos, quando a família se mudou para o Rio de Janeiro, Fafá começou a ficar conhecida entre os músicos que frequentavam seu apartamento em Copacabana. "Era uma época difícil, muita gente fugindo dos militares, e meu pai nunca trancou a porta de casa." O sofá da sala ficava sempre pronto, com travesseiro e lençol, para o caso de alguém precisar. "Havia sempre um violão encostado na parede e uma panela de comida no fogão." A lista de "hóspedes" da família Figueiredo incluía Milton Nascimento, Wagner Tiso e o pessoal do Clube da Esquina, vários militantes de esquerda procurados pela polícia e o "pessoal do Ceará" – Belchior, Geraldo Azevedo, Ednardo e Amelinha. "O Belchior comia de capitão [com as mãos]", conta a cantora. "Minha mãe ficava assustada: 'Esse menino é retirante mesmo! Dá uma colher pra ele, coitado!'."

A primeira gravação de Fafá de Belém foi para a trilha da pornochanchada *Como era boa nossa empregada* (1973), de Victor Di Mello e Ismar Porto. Ela ainda não tinha completado dezessete anos quando foi a escolhida por José Itamar de Freitas, que estava fazendo a música do filme – e depois seria diretor do *Fantástico*. "Eu era menor de idade, não podia nem entrar no cinema pra ver o filme." Em 1975, a Globo preparava a estreia da novela *Gabriela*, e Guto Graça Mello, responsável pela trilha sonora, selecionou músicas inéditas, que foram gravadas por Maria Bethânia, Alceu Valença, João Bosco, Gal Costa, Quarteto em Cy, Moraes Moreira, MPB-4, Geraldo Azevedo, Elomar e Djavan. Para cantar "Filho da Bahia", foi chamada Maria Creuza, mas ela teve uma crise renal e acabou sendo substituída por Fafá. A música estourou, e a cantora gravou um clipe para o *Fantástico*.

No ano seguinte, Fafá lançou o primeiro LP, *Tamba tajá*. A cantora era bastante conhecida na Zona Sul e uma das musas do píer de Ipanema, uma estrutura erguida entre 1970 e 1973 para a construção de um emissário submarino na praia e que virou ponto de encontro da juventude "descolada". Teve um "namoro bissexto" com José Wilker – "Ele era o sonho de consumo de todo mundo", diz Fafá – e era amiga de músicos e artistas de teatro, cinema e TV. Apesar disso, sua entrada na elite da MPB não foi das mais tranquilas. "Fui muito patrulhada. Naquela época, uma cantora ou era comercial ou não era, e eu sempre fui muito ligada à música popular e comercial. Além disso, eu tinha gargalhada, alegria, não tinha corpo de sílfide, mas várias arrobas a mais, tinha peito, usava decote, não tinha problema com a minha sensualidade e sentava de perna aberta. Era minha marca, né?" Fafá conta que uma das grandes decepções de sua vida aconteceu quando gravou o álbum *Estrela radiante*, em 1979: "Era um disco urbano, bem pop. Naquela época, me chamaram de oportunista, de brega, de bicona, me chamaram de tantas coisas. Eu só queria que gostassem de mim".

Outro artista popular que sofreu com o patrulhamento musical e ideológico foi Benito Di Paula. Por causa de músicas como "Tudo está no seu lugar" e "Meu Brasil, meu doce amado", lançadas em 1976 e que tinham letras otimistas e ufanistas, ele foi tachado de conformista e alienado. "No início da minha carreira, fui chamado de brega e cafona, e depois de defensor do governo. Quem fala isso, porém, é burro pra caralho! Por que não vieram me perguntar [o que eu achava da situação do país]?" Benito conta que compôs "Tudo está no seu lugar" depois de dar uma casa de presente para a mãe. "Era uma letra sobre a minha alegria naquele momento, não tinha porra nenhuma a ver com política."

Benito – ou Uday Veloso, seu nome de batismo – veio de uma família pobre de Nova Friburgo, interior do Estado do Rio. Tinha quinze irmãos e aprendeu música em saraus promovidos pelo pai, ferroviário e músico amador. No início dos anos 1960, começou a cantar e a tocar piano em boates e puteiros de Copacabana e Santos. "Minha escola de música foi a noite. Foi tocando nas boates que aprendi a agradar ao público. Toquei bolero, samba, música romântica, fiz de tudo. Minha música é assim, uma mistura." Um de seus maiores sucessos, "Meu amigo Charlie Brown", de 1974, foi inspirado em um gibi do famoso personagem criado por Charles Schulz, lido por Benito na época que fazia shows em uma cantina italiana em Santos. "Era um livrinho em italiano, o cozinheiro traduziu pra mim, e eu virei fã do Charlie Brown e do Snoopy."

No livro *Eu não sou cachorro, não*, o pesquisador Paulo Cesar de Araújo conta que o primeiro LP de Benito, de 1971, foi proibido pela censura por trazer uma versão da música "Apesar de você", de Chico Buarque. Mais tarde, Benito gravou a canção "Tributo a um rei esquecido", homenagem ao compositor Geraldo Vandré, um dos artistas mais perseguidos pela ditadura. O livro de Araújo mostra que não foram apenas os medalhões da MPB – Chico, Caetano, Gil – que tiveram problemas com a censura, mas que artistas associados à música cafona, como Benito, Odair José, Waldik Soriano, Agnaldo Timóteo e até mesmo os ufanistas Dom & Ravel, autores de "Eu te amo, meu Brasil", haviam sofrido com a tesoura da ditadura. Todos esses músicos considerados bregas foram sistematicamente ignorados por pesquisadores de música brasileira e excluídos de livros de referência, como se o país tivesse vergonha de sua face mais popular e quisesse apagar da memória qualquer referência a esse tipo de canção.

Quem conhecia bastante sobre patrulhamento era Odair José. Desde que surgira na cena musical brasileira, no início dos anos 1970, ele fora tachado de brega por causa dos temas fortes e inusitados de suas canções. Quando Caetano Veloso o convidou para um dueto no Festival Phono 73, promovido pela gravadora Philips no Centro de Convenções do Anhembi, em São Paulo, o público não aceitou e começou a vaiar a dupla durante a música "Eu vou tirar você desse lugar". Caetano reagiu: "Não existe nada mais Z do que público classe A".

As letras de Odair narravam, de forma simples e sem metáforas, dramas pessoais do dia a dia. Sua identificação com as classes sociais menos favorecidas era total. "Eu vou tirar você desse lugar" contava, em primeira pessoa, a história de um homem que visitava um bordel e se apaixonava por uma prostituta. Em "Deixe essa vergonha de lado", ele falava do drama de uma empregada doméstica que escondia sua profissão do namorado. A música "Na minha opinião (Eu te quero, te adoro, te gosto)" era uma surpreendente crítica à instituição do casamento ("Na minha opinião/ o importante é se querer/ assinar papel pra quê?/ Isso não vai prender ninguém"). Outra música, "Uma vida só (Pare de tomar a pílula)", era uma súplica de Odair à mulher amada para que ela parasse com os anticoncepcionais e tivesse um filho com ele.

Odair José nasceu em 1948, em Goiás, em uma família de posses. "Meu pai tinha fazendas, e a gente nunca precisou trabalhar." Adolescente, ouvia o pop-rock dos anos 1950: Brenda Lee, Pat Boone, Chuck Berry, Jerry Lee Lewis, Elvis Presley, Bobby Darin, Neil Sedaka e Paul Anka. Em 1968, sem avisar os pais, largou tudo e foi tentar a carreira de músico no Rio de Janeiro. "Fiz uma sacanagem com minha família: só fui dar notícia um ano depois. Eu sabia que, se eles descobrissem onde eu estava, iriam atrás de mim." Depois de alguns dias em um hotel na praça Tiradentes, o dinheiro acabou. Odair dormiu na escadaria do Teatro Municipal, na praia e até no banheiro do aeroporto Santos Dumont.

Para sobreviver, tocou violão em bares e boates da cidade. Na Barreira do Vasco, se apresentou em um bar com Jamelão, puxador de samba da Mangueira. "A gente tocava a noite toda. De vez em quando, o Jamelão dormia em pé, encostado na parede." Odair correu o circuito de boates do Rio, do centro até Copacabana. O repertório era o mais variado: tango, bolero, rock, Ataulfo Alves, Dolores Duran, Altemar Dutra, Nelson Gonçalves. Também cantou "Yesterday" e "Michelle", dos Beatles. "Quando o cliente de um puteiro pedia uma música, você tinha de saber de qualquer maneira."

Levado à CBS pelo produtor e compositor Rossini Pinto, Odair gravou dois LPs, mas logo percebeu que precisava se livrar da "sombra" do maior astro da companhia: Roberto Carlos. "Todo mundo que gravava na CBS usava os mesmos músicos: Renato Barros na guitarra, Lafayette nos teclados, Miguel Cidras no piano, Pachequinho na regência, Paulo Cesar Barros no contrabaixo. Eram os caras que gravavam com o Roberto Carlos e eram grandes músicos, mas todos os discos ficavam com o mesmo som. E eu queria fazer uma coisa diferente." No LP *Meu grande amor*, de 1971, Odair convidou instrumentistas fora do "esquema" da CBS, como o pianista Dom Salvador e o baterista Wilson das Neves. Mas Evandro Ribeiro, presidente da gravadora, não gostou.

Quando o contrato de Odair com a CBS terminou, em 1972, ele ficou no limbo. A gravadora não disse nada sobre um novo LP, e Rossini Pinto sugeriu lançar um compacto. Odair gravou "Eu vou tirar você desse lugar". Rossini ficou furioso: "Você tá maluco? Fez uma música de puta? Por que não faz que nem o Roberto Carlos, fala de namoro, essas coisas?". A CBS lançou o disco, mas Rossini colocou uma música dele, "Meu coração ainda é seu", no lado A, e "Eu vou tirar você desse lugar" no lado B.

Sem apoio da CBS, Odair juntou alguns músicos, entrou em uma Kombi e partiu para uma excursão pelo Nordeste. Ficou três meses na estrada, se apresentando em pequenas cidades. Em todas, as rádios estavam tocando "Eu vou tirar você desse lugar". Certo dia, o cantor estava em Ilhéus, na Bahia, quando foi abordado por um vendedor da gravadora: "Odair, pelo amor de Deus, a companhia tá louca atrás de você, você precisa ir urgente a São Paulo, tua música tá estourada!". Odair voltou e foi diretamente para o programa do Chacrinha. "Eu vou tirar você desse lugar" estava em primeiro lugar nas paradas.

A CBS queria que Odair entrasse em estúdio imediatamente para fazer um novo LP. Ele disse que já tinha um disco na cabeça, com título e repertório, mas se recusou a trabalhar com Renato Barros [do grupo Renato & Seus Blue Caps], então diretor artístico da CBS. Odair queria gravar com o tecladista José Roberto Bertrami – que tocava com Elis Regina – e o baterista Ivan Conti, o Mamão. "Meu som não era mais o som do órgão da CBS, eu estava de saco cheio dessa coisa de namoro no portão." Evandro Ribeiro foi contra e, segundo o cantor, ameaçou fazer com ele o mesmo que diziam que ele havia feito com o cantor e compositor Sérgio Murilo: "Havia uma lenda de que o Sérgio Murilo tinha peitado a CBS, e a gravadora o tinha colocado na gaveta, sem gravar. Então eu disse ao seu Evandro que meu contrato estava vencido. Ele ficou louco, chamou o pessoal do jurídico: 'É verdade, seu Evandro, o contrato dele está vencido há seis meses'. E eu fui pra Philips".

Na nova casa, Odair conseguiu trabalhar com quem queria. Até 1979, gravou todos seus discos com José Roberto Bertrami e Mamão, que acabariam por montar o Azymuth, grupo de jazz *fusion* de fama internacional. O sucesso de Odair José durante os anos 1970 foi imenso. André Midani nunca escondeu que usava os lucros dos discos do cantor para bancar as produções mais "experimentais" de outros artistas da Philips. Até a TV Globo se rendeu: um dia, Odair foi chamado ao escritório de Boni: "Que besteira eu fiz pro Boni me chamar?". Segundo Odair, a Globo decidira pagar uma quantia por mês para que ele não se apresentasse em outras emissoras, especialmente no Chacrinha, que havia se mudado para a TV Tupi. "Chacrinha ficou louco, tentou me sabotar de todo jeito. Ele tinha coluna no jornal, vivia falando mal de mim. E olha que eu tinha um relacionamento antigo com ele e com a sua programadora, a Ana Lígia, uma grande amiga minha, tanto assim que dei pra ela parceria em algumas músicas, como 'Cristo, quem é você?'."

Odair José classifica seu trabalho, pelo menos até o fim dos anos 1970, como "de alto nível", mas admite que os discos caíram de qualidade na década seguinte: "Eu perdi o foco, minhas produções ficaram mais vulgares. Comecei a beber muito, fumava muita maconha, só queria saber de ir pro Baixo Leblon e de fumar maconha na praia do Pepino. Eu deixei de me interessar pelas coisas, e minha música, que sempre falou da realidade, de coisas que eu via acontecerem na minha frente, sofreu".

A carreira de Odair nunca parou. Ele continuou lançando discos e fazendo shows, mas sem conseguir replicar a força de seus lançamentos da década de 1970. Até hoje, nenhum show é completo se Odair não cantar "Eu vou tirar você desse lugar", "Na minha opinião" e "Uma vida só (Pare de tomar a pílula)".

1977
Na nossa festa vale tudo

A discoteca sacode o Brasil

Quando entrou pela primeira vez no Studio 54, Henri Karam não teve dúvidas: precisava abrir uma casa noturna como aquela no Brasil. Ele era um dos mais conhecidos donos de boates do Brasil e figura conhecida no jet set internacional. Desde os anos 1960, fora responsável por algumas das casas mais badaladas de São Paulo, como a Summertime e a Banana Power. Era também um *habitué* das discotecas mais chiques e exclusivas de Paris e Nova York. Mesmo assim, ficou impressionado com o desfile de astros e celebridades na boate nova-iorquina, inaugurada em 1977. O Studio 54 era o único lugar do mundo onde as pessoas podiam deparar com Bianca Jagger andando de cavalo branco pela pista, Michael Jackson beijando Liza Minelli, Truman Capote atacando de DJ, os Rolling Stones e Warren Beatty brindando com champanhe e Diana Ross abraçando Rod Stewart, enquanto Andy Warhol registrava tudo com sua Polaroid.

Um ano depois, na noite de 14 de setembro de 1978, uma quinta-feira, Henri Karam observava a multidão que se espremia na porta de um prédio no bairro Bela Vista, em São Paulo. Emissoras de rádio alertavam para evitar a área a todo custo por conta do imenso engarrafamento que se estendia por toda a região. Carros de polícia tentavam controlar o trânsito. Havia caos, gritos e confusão. Era a inauguração da nova boate de Karam, a Aquarius. Durante aquela noite, 8.700 pessoas passariam pelas roletas. Foi esse o número oficial do público na inauguração, sem contar os amigos e convidados que entraram pelas portas laterais. Karam calcula que o total possa ter chegado a mais de 10 mil pessoas.

Dentro do local, às onze da noite, a pista estava às escuras. Máquinas de gelo-seco deixavam todo o ambiente envolto em uma bruma espessa. A música-tema do filme *Guerra nas estrelas* vibrava nas caixas de som. Um foco de luz iluminava a cabine do DJ. E, quando a cabine toda começou a subir pela parede, como um elevador, o público fez "ooooh!" em uníssono. Subiu, subiu, lentamente, enquanto o tema de *Guerra nas estrelas* ecoava, em volume cada vez mais alto. A cabine chegou a mais de dez metros de altura da pista. Surgiu, então, um raio laser de cinco cores, uma maravilha tecnológica nunca vista na América do Sul, formando um teto virtual que cobria todo o salão. O público, boquiaberto, nem sabia para onde olhar. Subitamente, a música parou. Por alguns segundos, o lugar ficou em silêncio, criando nas pessoas uma expectativa tremenda. De repente, 120 decibéis de som foram despejados na multidão. Parecia o estrondo de um dique rompendo. O público urrou e pulou, como se comemorasse um gol do Brasil. "Então, meu filho, até morto dançou", lembra Karam.

A Aquarius impressionava: 6 mil lâmpadas garantiam um show de luzes e cores. O salão media 60 metros de largura; o centro da pista tinha 280 metros quadrados de mármore. A boate custou à época 2,4 milhões de dólares, seis vezes mais que o Studio 54. Quando a amiga Carmen D'Alessio, relações-públicas do Studio 54, revelou a Karam o faturamento da boate nova-iorquina, ele até se envergonhou: "Eu nem falei nada para não parecer prosa ou soberbo, mas a Aquarius faturava dez ou quinze vezes mais". Em termos de tamanho e estrutura, não tinha comparação: se Bianca Jagger entrou a cavalo na pista do Studio 54,

Karam chegou a botar um elefante na Aquarius. A boate era o *magnum opus*, o Taj Mahal do empresário, e foi erguida para ser o templo de um gênero musical tão extravagante, luxuoso e hedonista quanto a própria casa: a discoteca.

A discoteca tomou o mundo em 1977, na esteira do filme *Os embalos de sábado à noite*. Mas o gênero já existia desde o início dos anos 1970 – o primeiro artigo a citar a palavra *disco* foi publicado em 1973, na revista *Rolling Stone*. Muito antes de o mundo conhecer John Travolta e seu paletó branco, artistas como Isaac Hayes, Barry White, George McCrae, The Hues Corporation e vários nomes do mítico selo Philadelphia International, como MFSB, Harold Melvin & the Blue Notes e The O'Jays, já haviam gravado faixas com as características da discoteca: uma música feita para dançar, com vocais cheios de *reverb* e em falsete, arranjos orquestrais, uso frequente de ritmos latinos na percussão e um clima de celebração coletiva. A discoteca era filha do funk de James Brown, Sly and the Family Stone, George Clinton e Stevie Wonder, da soul music de Aretha Franklin, Marvin Gaye, Otis Redding, Curtis Mayfield e de tantos outros gênios dos sons negros.

Em seu livro sobre a história da música negra nos Estados Unidos, *A Change is Gonna Come*, Craig Werner escreve: "A discoteca nasceu de dois movimentos revolucionários e distintos do fim dos anos 1960. Musicalmente, se desenvolveu a partir dos vários estilos de música black dançante: o funk polirrítmico inspirado em James Brown e George Clinton e a soul music acelerada da gravadora Philadelphia International. Socialmente, suas raízes estão nas lutas pelos direitos dos gays, que ganharam força depois do conflito de Stonewall, em 1969". Stonewall era um bar gay em

Nova York, onde, pela primeira vez, os homossexuais decidiram resistir à repressão policial que ocorria frequentemente no local. O embate violento durou vários dias e foi considerado um marco histórico do movimento gay nos Estados Unidos. A discoteca foi o primeiro gênero musical a celebrar o *lifestyle* gay, tanto em letras sexualmente explícitas quanto na democracia sexual que reinava nas pistas, onde gays e héteros se misturavam.

Entre 1977 e 1979, a discoteca dominou o mundo. Nomes como Bee Gees, Donna Summer, Chic, KC and the Sunshine Band, Abba, Gloria Gaynor, Kool & the Gang, Sylvester, Village People, Santa Esmeralda, Diana Ross, The Trammps e Earth, Wind & Fire se revezavam nos primeiros lugares das paradas, em vários países. O período coincidiu com certo esgotamento do rock, e vários astros do pop-rock acabaram se rendendo à nova moda e gravando discoteca, como os Rolling Stones ("Miss You", 1978), Elton John ("Victim of Love", 1979), Paul McCartney ("Goodnight Tonight", 1979), Queen ("Another One Bites the Dust", 1980), Rod Stewart ("Da Ya Think I'm Sexy?", 1978, com o refrão plagiado de "Taj Mahal", de Jorge Ben) e até o grupo de rock pesado Kiss, que gravou a constrangedora "I Was Made for Loving You" (1979).

Hoje, a imagem mais icônica da discoteca é a de John Travolta no papel de Tony Manero em *Os embalos de sábado à noite*, vestido com o paletó branco que virou moda na época e fazendo sua famosa pose na pista de dança. O fato de o branco e heterossexual Tony Manero ter virado símbolo de um estilo musical criado por negros e que foi a primeira vertente da música pop a dar voz ao desejo de libertação de gays e mulheres diz muito sobre como o *mainstream* absorveu e desvirtuou o legado da discoteca. A *disco* nasceu em clubes do submundo gay e só depois explodiu nas paradas e virou trilha sonora de festas de firmas. Muitas de suas letras falavam de liberdade sexual e do poder feminino. "I Will Survive" ["Eu vou sobreviver"], sucesso de Gloria Gaynor, conta a história de uma mulher que, desprezada pelo amante, resolve largá-lo e encarar a vida sem ele. "I Feel Love", de Donna Summer, celebra a sexualidade feminina sem culpas ou repressão. Artistas como Village People ("YMCA" e "Macho Man") e Sylvester ("You Make me Feel [Mighty Real]") cantavam o orgulho gay sem rodeios e totalmente fora do armário.

O Village People talvez seja o exemplo mais curioso de assimilação da música gay pelo *mainstream*. Criado em Nova York, em 1977, pelo produtor musical francês Jacques Morali, o grupo, cujo nome se refere ao bairro Greenwich Village, tradicional reduto gay de Nova York, tinha integrantes fantasiados com roupas que representavam estereótipos do "macho" americano – o caubói, o motoqueiro, o índio e o policial. O Village People se tornou um sucesso também com crianças e adolescentes, que morriam de rir das roupas engraçadas e das músicas divertidas. Apesar de parecer uma brincadeira, foi um dos grupos musicais mais subversivos da década de 1970, ao falar explicitamente sobre a vida gay para um público enorme e careta. Grande parte de suas letras era de odes à homossexualidade, enquanto "In the Navy" parodiava as músicas ufanistas das Forças Armadas e tinha um dos versos mais perversamente sacanas da história do pop: *"They're signing up new seamen fast"*, cuja tradução literal é "Eles [a Marinha] estão recrutando novos marinheiros rapidamente", mas no qual a palavra *"seamen"* ("marinheiros") pode também soar como *"semen"* (sêmen, em inglês): "A Marinha está recrutando sêmen novo rapidamente".

A discoteca foi a trilha sonora perfeita para os anos 1970, a "década do Eu", como a define o escritor Tom Wolfe. No livro de Craig Werner, Nile Rodgers, do grupo Chic, um dos mais importantes do gênero, define a discoteca como "a música mais hedonista que existe" e uma antítese ao hippismo que a havia precedido. "A discoteca era realmente só sobre eu, eu, eu, eu, eu! [...] Não falava sobre salvar o mundo. Era sobre conseguir um parceiro, se divertir e esquecer o resto do mundo. De um modo estranho, isso era muito terapêutico [...]. A discoteca era mesmo sobre a individualidade. E quanto mais *freak* você era, melhor."

A cocaína era o combustível ideal para o ritmo pulsante e *non stop* da discoteca. O pó era consumido em clubes, bares, estúdios e até nas gravadoras dedicadas à *disco*. Neil Bogart, dono da Casablanca, gravadora de Donna Summer e Village People, foi um dos personagens mais marcantes dessa época de excessos: cheirava cocaína sem parar e incentivava seus empregados a fazerem o mesmo. Todo dia, às três da tarde, uma funcionária passava nas salas da imensa sede da gravadora, localizada na Sunset Boulevard, em Los Angeles, e pegava os pedidos de cocaína para o dia seguinte. O prédio era um paraíso do kitsch, decorado com artefatos que remetiam ao clássico do cinema *Casablanca*, incluindo camelos empalhados e quadros de Humphrey Bogart por todos os lados. No livro *Hit Men*, sobre a ligação da indústria musical com a Máfia, um funcionário da Casablanca descreveu ao autor, Fredric Dannen, um dia típico na sede da gravadora: "Eu estava ao telefone conversando com um programador de rádio quando alguém que eu nunca tinha visto antes invadiu minha sala com um taco de golfe e começou a destruir tudo, inclusive minha mesa. Depois, acendeu um fósforo e pôs fogo nos papéis que estavam em cima dela. Fui reclamar com a secretária, mas ela estava fazendo carreiras de pó com um cartão de crédito e cheirando em cima da escrivaninha".

Assim que se tornou um sucesso mundial, a discoteca passou por uma transformação musical muito evidente. Até meados dos anos 1970, a *disco* tinha forte influência do funk de James Brown e Sly and the Family Stone. Com a popularização do gênero, produtores, especialmente europeus, começaram a levar a discoteca para uma linha chamada eurodisco, espécie de versão açucarada e mais palatável da discoteca, marcada por ritmos menos "quebrados" e harmonias mais pop e suaves.

Alguns dos principais nomes da eurodisco foram Abba (Suécia), Boney M. (Alemanha) e Cerrone (França). Para entender a diferença entre a discoteca "de raiz" e sua prima mais comercial, basta comparar faixas como "Jungle Boogie" (1973), de Kool & the Gang – com suas variações rítmicas e produção mais "suja" – a "Stayin' Alive" (1977), o hit gigantesco dos Bee Gees, que tinha um som *clean* e acessível. A cantora Gloria Gaynor, uma das rainhas da discoteca, disse, em 1979, que o abandono da complexidade rítmica nas músicas do gênero aconteceu porque o público branco tinha dificuldade em acompanhar o ritmo nas pistas de dança: "Acho que era difícil para os brancos dançarem, porque a batida era sofisticada e difícil de acompanhar [...]. Essa batida mais simples e clara, que é moda na discoteca atual, é bem mais fácil de dançar". Assim, "embranquecida", a discoteca chegou a todos os lares e festas. De repente, marmanjos se viram fazendo a coreografia do Village People em "YMCA", com uma gravata na cabeça, ou cantando, sem perceber, as delícias do amor gay em "Macho Man", enquanto as cocotas vibravam com "I Will Survive" e "It's Raining Men". E os Bee Gees, um dos grupos mais sem suingue do planeta, viraram ícones da discoteca com *Os embalos de sábado à noite*.

Formado por três irmãos britânicos – Barry, Robin e Maurice Gibb –, que, ainda jovens, foram morar com a família na Austrália, os Bee Gees faziam sucesso desde o fim dos anos 1960 com música pop e baladas. Em meados da década de 1970, depois de alguns discos malsucedidos, decidiram mudar o som da banda e partiram para uma linha mais dançante, influenciada pela música soul norte-americana e pela discoteca. Em 1976, lançaram o compacto *You Should Be Dancing*, que já evidenciava a direção *disco* do grupo. No ano seguinte, foram chamados pelo produtor de cinema Robert Stigwood para fazer a trilha sonora de *Os embalos de sábado à noite*. O impacto cultural do filme e da trilha foi imenso. Foi o terceiro filme mais popular de 1977, atrás apenas de *Guerra nas estrelas*, de George Lucas, e *Contatos imediatos do terceiro grau*, de Steven Spielberg. A trilha sonora teve ainda mais sucesso: tornou-se um dos dez discos mais populares de todos os tempos, com cerca de 40 milhões de cópias vendidas. E, assim, John Travolta e os Bee Gees se tornaram sinônimos de discoteca.

A fase mais comercial da discoteca foi marcada por um fenômeno que se chocava com o clima inclusivo e democrático que o gênero havia demonstrado em sua origem: o culto à celebridade. Em nenhum lugar isso ficou mais claro que no Studio 54. Na boate, a música era apenas um detalhe. Mais que curtir o som, os privilegiados que conseguiam entrar na casa se sentiam verdadeiros astros ao esbarrar em famosos como Andy Warhol, Liza Minelli, Mick Jagger ou Barbra Streisand. A porta do Studio 54 era uma metáfora perfeita daquela época de individualismo e aparências, o local onde famosos eram recebidos com sorrisos e champanhe, enquanto a patuleia implorava ao *doorman* que a deixasse entrar. Uma das histórias mais reveladoras da política segregacionista do Studio 54 envolveu Nile Rodgers e Bernard Edwards, do grupo Chic. As músicas da dupla, como "Dance, Dance, Dance (Yowsah, Yowsah, Yowsah)" e "Everybody Dance", faziam grande sucesso na pista da boate, mas isso não impediu que os dois fossem barrados na casa. Furiosos, escreveram uma irada resposta musical ao

Studio 54, chamada "Fuck Off" – que depois teve o seu nome mudado para "Le Freak" e se tornou um dos grandes sucessos do Chic.

No Brasil, a discoteca teve uma trajetória semelhante à do resto do mundo: admirada de início por um grupo restrito de fãs de black music, acabou atingindo o grande público a partir da segunda metade dos anos 1970, em uma versão mais palatável ao gosto médio. Ainda no fim da década de 1960, a música negra norte-americana inspirara artistas nacionais como Jorge Ben, Wilson Simonal, Cassiano, Tim Maia e Tony Tornado, fãs do funk de James Brown e dos *grooves* de Otis Redding e Marvin Gaye. Na década seguinte, surgiu uma segunda geração de *soulmen* brasileiros, como Hyldon, Gerson King Combo e Carlos Dafé. Bailes black nos subúrbios de Rio e São Paulo atraíam multidões.

A *disco* só chegou ao *mainstream* brasileiro em agosto de 1976, quando Nelson Motta abriu, dentro de um shopping na Gávea, no Rio, a boate Frenetic Dancin' Days. A casa durou apenas quatro meses, mas marcou a vida noturna da cidade. Todas as celebridades frequentavam o local: gente de TV, música, cinema, surfistas, políticos, publicitários e velhos comunistas. "Não importava em que noite, você sempre podia esbarrar com o pessoal do Cinema Novo, Glauber [Rocha], Cacá [Diegues], e com astros como Maria Bethânia e Sônia Braga", lembra Nelson Motta.

Foi na boate que surgiu um dos grupos musicais de maior sucesso na época, as Frenéticas. Eram seis cantoras – Leiloca, Sandra Pêra, Nega Dudu, Lidoka, Regina e Edyr – que Nelson contratara como garçonetes da casa. O sexteto começou a fazer pequenos números musicais que viraram sucesso na boate e atraíram a atenção da gravadora Warner, recém-inaugurada no país e dirigida por André Midani, que trabalhara na Philips. As Frenéticas eram anárquicas, libertárias e tinham um humor contagiante. Nelson Motta acha que o sucesso do grupo coincidiu com um período em que o público estava saturado tanto da ditadura militar quanto das músicas de protesto: "O primeiro compacto delas (*A felicidade bate à sua porta*, 1977) era do Gonzaguinha, e elas conseguiram transformar até mesmo ele, o 'cantor rancor', um cara que tinha um mau humor fodido e era o rei das músicas censuradas, em um sucesso nas pistas. Elas deram à música um caráter sarcástico: 'O trem da alegria promete-mete-mete...'. Foi um estouro".

As Frenéticas não eram apenas mais um grupo *disco*: tinham influência do teatro de revista, da Jovem Guarda e dos Dzi Croquettes, a trupe de dançarinos e atores andróginos que enfrentara a ditadura com deboche e anarquia. Leiloca vivia na casa de Lennie Dale, líder dos Dzi Croquettes, e costumava frequentar boates gay com a trupe. "Íamos muito na Sótão, uma boate na Galeria Alaska. O porteiro sempre queria me barrar, porque só entrava homem. Era muito divertido, o Tião Macalé estava sempre na porta", recorda Leiloca. "Todo mundo era louco, tomava ácido, cheirava cocaína ou fumava baseado, ninguém era santo." Um dia, em um hotel no Nordeste, as Frenéticas encontraram Raul Seixas – que tivera um caso com Leiloca. O Maluco Beleza foi ao quarto da ex e ficou curioso com um pedaço de pau que viu em cima da mesa:

— Leiloca, que barato é esse?
— É um galho de guaraná, eu trouxe lá de Manaus.
— E dá barato isso aí?
— Não sei, mas vamos tirar a prova já...

Leiloca ligou para a recepção e pediu um ralador de queijo. O funcionário do hotel ficou sem reação quando abriu a porta do quarto e deparou com Raul Seixas. "Dava pra perceber que ele estava intrigado e pensando: 'Que diabos eles vão fazer com esse ralador?'. Daí ralamos o toco de guaraná e cheiramos tudo. E não é que deu o maior barato?", conta Leiloca, que desde então largou tudo, "até a nicotina". O primeiro LP das Frenéticas, produzido por Liminha, saiu em 1977 e vendeu muito. Não era exatamente um LP de discoteca, mas uma mistura de vários ritmos dançantes. Tinha rock ("Perigosa"), marchinhas de Carnaval ("Cantoras do rádio" e "Fonte da juventude"), blues ("Quem é"), iê-iê-iê ("Exército do surf"), bolero ("Vingativa") e calipso ("Pessoal e intransferível"). Era um disco pop.

Se o Rio de Janeiro tinha as Frenéticas, São Paulo tinha as Harmony Cats, um grupo vocal feminino formado por veteranas de gravação em estúdios e de grupos pop que tocavam em bailes. A ideia de montar a banda foi de Hélio Costa Manso, o cantor também conhecido como Steve Maclean, que trabalhava como produtor para as gravadoras RGE e Som Livre. Hélio juntou a irmã, Maria Amélia, a esposa, Vivian, e três outras cantoras – Cidinha, Rita Kfhoury e Juanita – e gravou um LP com medleys de rock (Creedence Clearwater Revival, Deep Purple, Led Zeppelin e Steppenwolf), discoteca (Bee Gees) e temas de musicais da Broadway (*Hello Dolly*, *The Sound of Music*). O disco foi um estouro, e não só no Brasil. Vivian Costa Manso conta que, em 1977, ouviu as músicas das Harmony Cats em várias discotecas na Espanha. Ao entrar para o grupo, ela era uma cantora conhecida em estúdios e gravadoras. É dela uma das vozes do famoso jingle da Coca-Cola: "Coca-Cola é isso aí/ não tem sabor como esse aqui". Em 1973, Vivian e Maria Amélia formaram um duo chamado Nuvens e gravaram a música "Amar, sofrer e sonhar", da novela *Carinhoso*, da Globo, tema da personagem Cecília, uma aeromoça interpretada por Regina Duarte: "Pelo ar eu tento esquecer/ o amor que só me fez sofrer".

As paradas dos discos mais vendidos de 1977 dão uma ideia do domínio da discoteca no Brasil. Dos cinquenta mais vendidos no país, pelo menos vinte, incluindo LPs e compactos, estavam associados ao gênero, entre baladas lentas para dançar agarradinho e músicas mais aceleradas e animadas. O segundo disco mais vendido do ano – e que só perdia para o de Roberto Carlos – foi *I Love to Love*, de Tina Charles. Várias canções e LPs capturaram o gosto popular: "You Leave me Now" (Chicago), "Don't Go Breaking My Heart" (Elton John e Kiki Dee), "When You're Gone" (Maggie MacNeal), "Fernando" (Abba), "Isn't She Lovely" (Stevie Wonder), "Nice and Slow" (Jesse Green) e "Dance and Shake Your Tambourine" (Universal Robot Band). A produção nacional não ficou atrás. "Meu sangue ferve por você" (Sidney Magal), "Desliga o mundo" (Painel de Controle) e "My Dear" (do Manchester, grupo brasileiro que cantava em inglês) venderam uma enormidade. Gal Costa lançou "Tigresa", tributo de Caetano Veloso a Sônia Braga ("Que gostava de política em 1966/ e hoje dança no Frenetic Dancin' Days"), e Claudia Telles estourou com "Fim de tarde", baladão soul de Robson Jorge e Mauro Motta.

Em 1978, o domínio foi ainda maior: mais de 60% dos compactos e LPs que lideraram as paradas estavam associados à discoteca. Os sucessos internacionais incluíam *Easy* (Commodores), *The Closer I Get to You* (Roberta Flack), *Zodiacs* (Roberta Kelly), *How Deep Is Your Love* (Bee Gees), *Emotion* (Samantha Sang), *Dance a Little Bit Closer* (Charo), *Os embalos de sábado à noite* (Bee Gees e outros), *Baby Come Back* (Player), *Scotch Machine* (Voyage), *Rendezvous* (Tina Charles), *Automatic Lover* (Dee D. Jackson) e *Get Off* (Foxy). Já a produção brasileira de discoteca vendeu muito com *Perigosa* (Frenéticas), *Amante latino* (Sidney Magal), *A noite vai chegar* (Lady Zu), *Quem é ele?* (Miss Lene) e *Tim Maia Disco Club* (Tim Maia). Ney Matogrosso apareceu dançando em uma discoteca com os Trapalhões para divulgar "Não existe pecado ao sul do Equador", faixa dançante de seu LP *Feitiço*, enquanto a atriz Elizângela gravou a sacolejante "Pertinho de você". A dupla Ana e Ângela emplacou o hit "Cara de pau" (Como ele é cara de pau/ mas um dia vai se dar mal/ mesmo sendo amigo/ ele é um perigo/ não confie nele, não/ seu apelido é Gavião") na novela *Te contei?*, da TV Globo, e até o grupo infantil A Patotinha se rendeu à *disco*, com o LP *Brincando de roda numa discothèque*. Foi um massacre.

Em julho de 1978, a TV Globo estreou a novela *Dancin' days*, com Sônia Braga, Antônio Fagundes, Lídia Brondi, Joanna Fomm e Glória Pires, e a discoteca atingiu o auge de sua popularidade no Brasil. Nelson Motta e Ruben Barra fizeram a música-tema da novela, cantada pelas Frenéticas. A expectativa da emissora com a música era tanta que o produtor Mazzola resolveu gravar a base em Los Angeles, com o conhecido produtor e arranjador John D'Andrea e um timaço de músicos de estúdio, incluindo o guitarrista Jay Graydon [que trabalhara com Diana Ross, Jackson Five], o baterista Jeff Porcaro, do grupo Toto, e o grande percussionista brasileiro Paulinho da Costa. "Dancin' days" foi o destaque da trilha nacional da novela. Já o disco com a trilha internacional abria com um impressionante medley com trechos de oito faixas dos Bee Gees, cantado pelas Harmony Cats e tocado pelo grupo paulistano Os Carbonos e pelo guitarrista Reinaldo Brito, com arranjo de Eduardo Assad e produção de Hélio Costa Manso.

Enquanto a discoteca invadia rádios, boates e TVs no Brasil, os músicos sofriam. Com o domínio da música mecânica e dos DJs, muita gente se viu sem emprego. "A música ao vivo acabou em São Paulo, não havia mais espaço pra nós", lembra João Parahyba, percussionista do Trio Mocotó. Desde 1969, ele e seus parceiros, Fritz e Nereu, se apresentavam diariamente na boate Jogral, uma das mais famosas de São Paulo. No início dos anos 1970, a casa tinha dezesseis músicos contratados, incluindo um grupo regional de choro, um violonista, um seresteiro e duas cantoras. Vários astros do jazz que se apresentaram no Brasil – Oscar Peterson, Earl Hines, Tommy Flanagan, Ella Fitzgerald, Ron Carter – terminaram a noite na Jogral, ouvindo o Trio Mocotó. Duke Ellington ficou tão impressionado ao ver Fritz tocando cuíca que pediu ao brasileiro que lhe ensinasse os segredos daquele instrumento, tão inusitado para o jazzista norte-americano: "O Fritz tocou 'Raindrops Keep Falling on My Head' e 'Jesus, alegria dos homens', e o Ellington ficou louco", conta João.

Alguns músicos deram canjas memoráveis na boate: o pianista francês Michel Legrand tocou por sete horas seguidas; o trompetista Dizzy Gillespie, um dos pais do *bebop*, também se apresentou na casa e gostou tanto do Trio Mocotó que gravou, em um estúdio em São Paulo, um disco de improviso com o grupo (o trabalho só seria lançado em 2010, dezessete anos após a morte de Gillespie). Outra presença constante nas canjas da Jogral era Jorge Ben. Foi tocando ao lado de João Parahyba, Fritz e Nereu que ele lapidou músicas como "País tropical", "Que pena" e "Que maravilha", as bases do samba-rock.

Nascido em uma família paulista rica e influente, dona de terras e da fábrica de cobertores Parahyba – daí o apelido – e sobrinho do ministro e senador Severo Gomes, João abandonara os negócios familiares para fazer música. Até meados dos anos 1970, dedicou-se inteiramente a ela. "Mas então a Donna Summer chegou com força total e acabou com nossos empregos." O Trio Mocotó passaria 26 anos sem gravar um disco próprio.

A discoteca, surgida no gueto, logo se tornou um fenômeno pop fabricado por produtores. O gênero dominou o mercado rapidamente, mas, assim como chegou, desapareceu, deixando um rastro de destruição na indústria musical. Teve um declínio fulminante, em 1979, o mesmo ano em que o número de discos de todos os gêneros musicais vendidos no mundo caiu mais de 10% em relação a 1978. Era a primeira vez que a indústria de discos tinha uma queda nas vendas desde o fim da Segunda Guerra, em 1945. A indústria havia acreditado que os sucessos de Gloria Gaynor, Donna Summer e Village People durariam para sempre. Não duraram. Quando o público se cansou da *disco*, artistas que vendiam milhões de LPs passaram, de uma hora para outra, a não vender nenhum. Os astros da discoteca, em sua maioria, eram criações artificiais, ídolos formatados em estúdios e sem uma base sólida de fãs que pudesse ajudá-los a sobreviver em períodos de vacas magras. Os discos, portanto, encalharam aos milhões. As devoluções das lojas estagnaram a indústria, e a discoteca acabou vítima de seu próprio *hype*. Todas as gravadoras sofreram: a CBS norte-americana mandou embora cerca de duzentos funcionários; a Polygram quase faliu devido aos prejuízos causados por sua associada, a Casablanca, a mesma gravadora que, dois anos antes, oferecia cocaína a funcionários durante os *coffee breaks*.

Em 12 de julho de 1979, um evento em Chicago deu o tiro de misericórdia na discoteca. Um famoso disc jockey de rádio, Steve Dahl, que havia sido despedido de uma emissora depois que ela trocou o rock pela *disco*, convenceu o time de beisebol White Sox a deixar que ele fizesse, durante um intervalo de uma rodada dupla contra o Tigers, de Detroit, um protesto contra a discoteca. Dahl, que fora contratado por outra rádio, pediu aos ouvintes que levassem LPs de *disco* para serem destruídos no meio de campo. O White Sox vivia uma crise na época e não costumava atrair mais que 20 mil fãs aos seus jogos. No entanto, quando a primeira partida da rodada dupla começou, todos os 45 mil lugares do estádio estavam lotados, e mais de 30 mil pessoas tentavam entrar. Muitas carregavam cartazes que diziam "*Disco sucks*" ("A discoteca é uma porcaria"). No intervalo, Dahl entrou em campo com uma caixa cheia de discos. O público urrou. Assim que ele detonou explosivos e mandou a caixa de vinis pelos ares, a multidão invadiu o campo, arremessando discos para todos os lados e queimando LPs de discoteca. A polícia foi chamada para dispersar a turba. A confusão foi tamanha que a segunda partida da rodada dupla foi cancelada. O evento ficou conhecido como "O dia em que a discoteca morreu".

Do lado de baixo do Equador, em São Paulo, certa pessoa lamentava o fim do fenômeno *disco*: Henri Karam. Sua Aquarius fora "o" lugar para ver e ser visto. Astros da TV e da música dançaram ao lado de celebridades do jet set brasileiro; Betty Faria, Sílvia Bandeira e Jorginho Guinle passaram por lá. Em uma noite memorável, Karam trouxe cinquenta dos maiores frequentadores do Studio 54 para conhecer a Aquarius. Até Christopher Reeve, o famoso Super-Homem do cinema, veio – e se esbaldou. Alguns meses depois, Karam já estava alugando a boate para shows e eventos. "A época de ouro da Aquarius durou oito meses", diz o empresário. "Mas foram oito meses de sonho."

1978

O meu sangue ferve por você

Os ídolos "fabricados"

Um Ford Landau preto chegou à porta do Clube Carioca, na rua Jardim Botânico, Zona Sul do Rio de Janeiro. Do banco de trás, Sidney Magal olhou para a multidão que ocupava a calçada. Centenas de mulheres tentavam entrar no clube e eram impedidas por um "muro" de seguranças. Dentro do Carioca, mais de 3 mil fãs aguardavam pelo cantor.

Magal já havia se apresentado lá e não tinha boas lembranças: o clube não dispunha de entrada pelos fundos. Chegar ao palco era complicado. Em situações assim, seu empresário, Roberto Livi, exigia que fosse aberto um buraco no lugar, em uma parede lateral. No caso do Carioca, porém, o prédio vizinho era uma igreja, que não permitiu a quebradeira. Magal teria de entrar na marra pela porta da frente. Tudo isso não era novidade para ele: meses antes, na inauguração de um shopping em Salvador, o astro foi acuado por 7 mil fãs enlouquecidas. A solução encontrada pelos seguranças foi levá-lo a uma sala e, com uma marreta, abrir um buraco na parede, por onde Magal escapou até o estacionamento.

O trajeto do carro até o palco não foi dos mais difíceis: oito seguranças cercaram Magal e abriram caminho em meio à multidão. O problema seria a volta. Depois de um show breve, em que cantou seus maiores sucessos – "Tenho", "Se te agarro com outro te mato", "Meu sangue ferve por você" e "Sandra Rosa Madalena, a cigana" –, Magal e os seguranças começaram a longa *via crucis* de retorno ao carro. Oito brutamontes escoltaram o cantor. As fãs atacavam os seguranças e tentavam agarrar Magal. Quando ele finalmente chegou perto do veículo, estava arranhado, amassado, despenteado, coberto de lágrimas, saliva, suor e batom. Sua roupa estava rasgada. Tufos de seu cabelo eram exibidos como troféus pelas fãs. Um segurança abriu a porta do Landau, e o cantor pulou no banco de trás. Estava a salvo, ou quase: por descuido do motorista, parte do vidro do carro ficara aberto. Uma fã conseguiu enfiar o corpo dentro do Landau e agarrou Sidney Magal pelos cabelos. Do lado de fora do carro, seguranças começaram a puxar a mulher pelos pés. Desesperada, a fã mordeu o rosto de Magal. "Eu não conseguia nem gritar, porque ela estava com os dentes cravados na minha bochecha. Era uma dor terrível. Meu assessor não teve alternativa: deu um soco na cabeça da mulher. Foi o único jeito de ela abrir a boca."

Três anos antes, o carioca Sidney Magalhães era apenas mais um cantor de bares e restaurantes do Rio de Janeiro. Foi em uma churrascaria na Barra da Tijuca que o produtor musical Roberto Livi o viu pela primeira vez. Livi achava que os cantores brasileiros, com raras exceções, não tinham boa presença de palco. Costumava dizer que eles "chegavam até o microfone, jogavam a âncora, cantavam e iam embora". Mas Magal acabou com isso. "Ele era o nosso John Travolta", diz Livi.

Quando iniciou a carreira na música, o sonho de Magal era cantar Bossa Nova, seguindo os passos de um parente famoso, Vinicius de Moraes, primo de sua mãe. Mas o próprio Vinicius o aconselhou a mudar de rumo: "Com esse tamanho todo, bonito assim, você tem certeza de que quer cantar Bossa Nova?". Quando fez quinze anos, ele começou a se apresentar na noite. Cantava de tudo: música italiana, francesa, rock e samba. Um de seus primeiros pseudônimos foi Syd Sony. Com o nome de Sidney Rossi, gravou na CBS um compacto produzido por Rossini Pinto com a música "Tema de amor", mas não teve sucesso. Em 1971, partiu para a Europa com um grupo musical folclórico que fazia shows de ritmos brasileiros. Cantava Ary Barroso e sambas antigos. No Velho Continente, começou a desenvolver um estilo de interpretação mais teatral e dramático. Magal cantou na Itália, Alemanha, Áustria e Suíça. Retornou ao Brasil no final de 1972, quando passou a se apresentar em boates ao lado de Alcione, Emílio Santiago e Luis Carlos Vinhas. Também fez shows com Edy Star na praça Mauá, trabalhou com Costinha no Beco das Garrafas e cantou em churrascarias e boates de striptease. "A noite foi uma escola fantástica, me deu maturidade, experiência de palco e tarimba para lidar com o público."

Em meados dos anos 1970, Roberto Livi foi contratado como produtor pela Philips/Polygram. Livi, um cantor argentino que gravara sucessos no Brasil na época da Jovem Guarda, como "Teresa" e "Parabéns, querida", tinha planos de criar um clone brasileiro de um grande astro pop de seu país, o cigano Sandro. "As músicas de Sandro eram apaixonadas, sensuais, uma coisa muito forte e dramática. Eu peguei o Magal, que já tinha esse jeito expressivo no palco, e o transformei em cigano." O cantor, que na época tinha 23 anos, passou a se apresentar com a camisa aberta no peito, mangas bufantes, colares e uma vasta cabeleira cacheada. Também caprichava nas caras e bocas. Livi decidia tudo: repertório, figurinos e até o que Magal deveria dizer em entrevistas. O cantor conta que confiava tanto em Livi que mal ia à gravadora: "Eu deixava tudo na mão dele".

O primeiro LP de Sidney Magal saiu em 1976, pela Polydor, selo da Philips, e trazia versões de músicas latinas como "Se te agarro com outro te mato" e "Amante latino". Mas o grande sucesso foi "Meu sangue ferve por você", versão da música francesa

"Mélancolie", um hit em 1973 na voz da francesa Sheila. O segundo disco de Magal, de 1978, vendeu ainda mais e trouxe a inesquecível "Sandra Rosa Madalena, a cigana", parceria de Roberto Livi com o maestro uruguaio Miguel Cidras, o mesmo que fizera arranjos para Raul Seixas. Livi assinou metade das canções do disco. Quando o *Fantástico* produziu um clipe da música, apresentou Magal como "descendente de ciganos".

Livi estava certo em apostar no visual forte e marcante de Sidney Magal. Em 1978, o Brasil tinha cerca de 15 milhões de aparelhos de televisão, três vezes mais que em 1970. A TV se tornara o lazer de todas as classes sociais, inclusive as mais pobres, e os programas de auditório procuravam artistas de forte apelo visual. A disputa por Magal era intensa. Livi chegou a exigir de Chacrinha que o astro cantasse duas músicas por participação no programa, coisa até então inédita. "Naquela época, todo artista cantava uma música só no Chacrinha, mas eu disse que ou o Magal cantava duas, ou não iria." O cantor fazia até três shows por noite. Livi contratou uma ambulância para levá-lo aos shows. Era o único jeito de Magal chegar aos clubes a tempo.

O plano de Livi era transformar Magal em um artista pop multimídia, nos moldes de Roberto Carlos, que havia feito filmes e programas de TV. Em 1979, Paulo Coelho – que chamara Magal de "cigano de araque, fabricado até o pescoço" na letra de "Arrombou a festa 2", gravada por Rita Lee – ajudou Livi a escrever o roteiro de *Amante latino*, filme dirigido por Pedro Carlos Rovai. Na trama, o astro tenta salvar sua antiga escola e a comunidade cigana onde crescera, ameaçadas por um inescrupuloso executivo do ramo imobiliário, interpretado por Anselmo Vasconcelos. O filme não era nenhum *Cidadão Kane*, mas atraiu quase 800 mil pessoas às salas, um número expressivo para o cinema brasileiro.

Tudo ia bem no mundo dos falsos ciganos, até que, em 1980, a Philips teve a ideia de mexer naquele time que estava ganhando. A gravadora achava que o público estava cansado do estilo "amante latino" de Magal e que era hora de mudar a direção musical do cantor. Convenceu Livi a gravar um LP romântico. Magal cortou o cabelo, passou gomalina e lançou "O amor não tem hora pra chegar". Foi o maior fiasco de sua carreira. "Ninguém queria me contratar. As pessoas perguntavam: 'Cadê o Magal cigano? E o cabelo? E a roupa de cigano? E o rebolado?'. O disco encalhou, nós quebramos a cara, e eu acabei me separando do Livi."

Sidney Magal não foi o único artista ajudado por Roberto Livi. Foi ele que sugeriu a Zé Rodrix partir para uma linha "latina" em seu terceiro disco solo: "Zé, sei que você é um cantor mais 'classe A', mais MPB, mas você precisa começar a cantar pro povão". O resultado foi *Soy latino americano* (1976), primeiro sucesso comercial da carreira do cantor carioca, conhecido então por canções de "rock rural" ("O pó da estrada"), que havia gravado com os parceiros Sá e Guarabyra. A faixa-título do novo disco, dançante e cheia de percussões caribenhas, foi uma parceria de Zé Rodrix e Livi. O argentino também fez a produção executiva do compacto de "Sonhos", de Peninha, cujo contrato, diz Livi, a Polygram estava determinada a encerrar. Ele, porém, viu potencial na canção e convenceu a gravadora a dar mais uma chance a Peninha. "A música tocou durante três meses nas rádios, mas não vendia um disco sequer. No quarto mês, vendeu meio milhão. O público demorou a perceber como a canção era boa."

Livi trabalhou também com Lílian, que fizera sucesso na época da Jovem Guarda na dupla Leno e Lílian. A cantora iria gravar um disco solo e precisava de um hit. O produtor pediu a Paulo Coelho uma versão em português de "Soy rebelde", sucesso da cantora Jeannette, uma belga radicada na Espanha. O compacto de "Sou rebelde" ("Eu sou rebelde porque o mundo quis assim/ porque nunca me trataram com amor/ e as pessoas se fecharam para mim") estourou. Livi mandou que Lílian usasse minissaia nos programas de TV e cantasse a música com um ar de menina ingênua, para liberar a imaginação do público: "Quando o povão viu aquela gostosura de sainha e com aquela cara de 'menininha no portão', a música explodiu". Em 1986, Livi se mudou para Miami, onde trabalha até hoje como produtor e compositor em discos de Julio Iglesias e em álbuns em espanhol de Roberto Carlos e Sting. Ele diz que sua principal qualidade é a intuição para o sucesso: "Não sou um grande músico, não toco nem campainha. Mas sou o que os americanos chamam de *hit man*, sei o que vai vender. Em matéria de música, eu sou povão".

Livi sempre se inspirou no "povão". Em 1980, o jornal carioca *Última Hora* publicou uma série de reportagens sobre um suposto justiceiro chamado Mão Branca, que estaria eliminando bandidos na Baixada Fluminense. Na cidade toda, só se falava nas "proezas" do vingador. Livi recorreu novamente a Paulo Coelho, e rapidamente gravaram "O melô do Mão Branca" ("Ratatatá pa pá/ zin cat pun/ são coisas que você tem que se acostumar/ essa é a música/ que toca a orquestra do Mão Branca/ botando os bandidos pra dançar"). A faixa tinha vocais do *soulman* Gerson King Combo e foi tocada pelo grupo Os Famks, que depois se tornaria o Roupa Nova. O compacto não trazia a identificação dos autores ou dos músicos, apenas uma mão branca desenhada sobre um fundo preto. Foi um outro estouro, mas acabou recolhido das lojas quando a gravadora Polygram percebeu que a canção poderia ser considerada uma apologia ao crime. "Foi o primeiro rap brasileiro", gaba-se Roberto Livi, que não era o único homem de gravadora disposto a usar de imaginação para "inventar" artistas.

Em meados de 1978, o telefone tocou à tarde na sede da gravadora Copacabana, em São Paulo. Do outro lado da linha, estava Roberto Talma, diretor de shows do *Fantástico*. Ele havia escutado o LP *Disco baby*, do grupo As Melindrosas, e queria fazer um clipe musical com as cantoras. O estafe da gravadora só faltou estourar champanhe. O LP já era um sucesso nas lojas, e um clipe no *Fantástico* certamente aumentaria ainda mais as vendas. Só havia um problema: As Melindrosas não existiam.

Alguns meses antes da ligação, o produtor musical Jorge Gambier teve a ideia de gravar músicas infantis em ritmo de discoteca. "Não havia discos para crianças, e a discoteca estava bombando. Pensei em juntar as duas coisas." Gambier, que trabalhara com Wando e era conhecido pela alta qualidade de seus arranjos e gravações, montou um ótimo time de músicos para o trabalho. A base foi feita pelos Carbonos, um dos conjuntos mais requisitados para gravações. As vozes foram gravadas por Sarah Regina, Tânia Lemke e Vivian Costa Manso. Sarah faria sucesso depois cantando discoteca ("Amor bandido"), Tânia era filha do maestro e arranjador Waldemiro Lemke e Vivian fazia parte do grupo Harmony Cats. O LP recebeu o nome de *Disco baby*, mostrava dois bebês na capa e trazia um medley dançante de clássicos infantis, como "Pirulito que bate bate", "Samba-lê-lê", "Ciranda, cirandinha" e "Atirei o pau no gato". Na contracapa, Gambier mandou botar o nome As Melindrosas: "Lembrei de uma boneca antiga que chamava Melindrosa e que minha mãe adorava".

Depois do convite do *Fantástico*, a Copacabana tinha poucos dias para "materializar" As Melindrosas. Precisavam, com urgência, arrumar meninas bonitas, carismáticas e que, principalmente, soubessem dançar e cantar. Uma tarde, o argentino Santiago Malnati, o célebre DJ e produtor musical mais conhecido como Mister Sam, chegou à sede da gravadora e viu uma fila de mulheres esperando para fazer teste. Perguntou a Paulo Rocco, diretor artístico da Copacabana, o que estava acontecendo. "Sam, estamos numa encrenca, precisamos de umas meninas de catorze, quinze anos, pra formar As Melindrosas, mas só me trazem putas e dançarinas de boates, não sei o que fazer!" Sam lembrou que, dias antes, em uma festinha infantil, ficara impressionado com a desenvoltura – e, claro, com a beleza – de três irmãs: Maria Odete, Iara e Suely Miranda.

Algum tempo antes, o argentino estava vendo o programa de Silvio Santos quando uma caloura, que não devia ter mais de dezoito anos, chamou a sua atenção: "Fiquei louco, ela era linda e gostosa, muito sensual, era uma estrela!". Sam ligou para o amigo Valentino Guzzo, diretor do programa – e que depois ficaria famoso interpretando a Vovó Mafalda, no *Bozo* –, e pegou o contato da moça. Ela se chamava Maria Odete Brito de Miranda e era cantora da orquestra do maestro Záccaro.

Sam planejava criar uma versão brasileira de Charo, a voluptuosa *performer* espanhola que usava roupas justíssimas, decotes imensos e fazia sucesso com a música "Dance a Little Bit Closer". O produtor contratou Maria Odete para gravar um compacto com as faixas "Dance With Me" e "Love Me More", e escolheu um nome artístico para a moça: Gretchen, inspirado no filme *Aleluia, Gretchen* (1976), de Sylvio Back, sobre uma família alemã no Brasil envolvida com nazistas. "A ideia era que a Gretchen seria uma cantora alemã, que nem falava português. Ninguém podia saber que ela era do Ipiranga!"

No estúdio, quando Mister Sam mostrou a Gretchen a letra de "Dance With Me" – um amontoado de gemidos, grunhidos e variações da frase "Dance with me" – a cantora ficou ressabiada.

"Ela perguntou se era só aquilo: 'Dance with me... baby, baby, baby, dance with me'. Eu disse que, se ela quisesse cantar algo mais sofisticado, podia voltar correndo pro Záccaro." Em agradecimento à ajuda de Valentino Guzzo, Sam o incluiu como parceiro nas músicas, com o pseudônimo de V. Guzzrick.

Radiante com o disco, Gretchen convidou Sam para uma festinha no apartamento da família, onde o produtor conheceu os seus pais e as irmãs mais novas, Iara e Suely, esta apelidada de Sula. O pai das meninas, Mário Miranda, era empresário de circo e obrigava as filhas a fazerem aulas de balé, violão e piano. Aos dezesseis anos, Maria Odete/Gretchen já ensinava violão. "Não parava uma empregada em casa, porque a Gretchen queria ensinar as coitadas a dançar frevo", conta Sula. Durante a festinha, as três irmãs improvisaram um número musical para Sam, que gostou do que viu. Quando o produtor soube que a Copacabana estava precisando de um grupo de meninas que dançavam e cantavam, imediatamente sugeriu as irmãs Miranda. E assim nasceram As Melindrosas: Gretchen, Iara e Sula, além de uma "prima", Paula. "A gente dizia que a Paula era prima, mas na verdade ela era aluna de violão da Gretchen", revela Sula Miranda, hoje cantora de música sertaneja e gospel, conhecida como a "Rainha dos Caminhoneiros".

O lançamento do compacto de Gretchen foi adiado por causa do sucesso das Melindrosas. As meninas ficaram tão conhecidas que rapidamente ganharam seu próprio filme, *Vamos cantar Disco baby*, dirigido pelo veterano J.B. Tanko, cineasta da ex-Iugoslávia radicado no Brasil e realizador das comédias dos Trapalhões. Na trama, as garotas lutavam para salvar um orfanato, e Gretchen interpretava uma assistente social.

A carreira de Gretchen nas Melindrosas durou pouco. O culpado pela separação foi Carlos Imperial: quando o grupo foi se apresentar em seu programa na TV Tupi, ele resolveu lançar Gretchen na mesma noite. No primeiro bloco, ela apareceu com As Melindrosas, cantando, de maria-chiquinha, "Atirei o pau no gato". Quando o programa voltou, após os comerciais, ela surgiu de vestido de renda transparente, rebolando e gemendo "Dance With Me". "Meu pai surtou, a gente ficou em estado de choque, ninguém entendeu nada", lembra Sula. "Ela, então, saiu das Melindrosas e partiu pra carreira solo."

O "inventor" de Gretchen, Mister Sam, é um verdadeiro mago do pop brasileiro. Cantor na Argentina, onde atuara na dupla Sam & Dan, Santiago Malnati chegou ao Brasil em 1973 e logo arrumou emprego na gravadora Beverly, fazendo versões em espanhol para sucessos de Wando, Benito Di Paula e Paulo Sérgio. Depois que a Beverly comprou a Copacabana, Sam virou produtor desse selo. Um de seus primeiros trabalhos foi o trio feminino As Exorcistas, grupo pop lançado na esteira do famoso filme de terror, de 1973, que gravaria versões de músicas de Paul McCartney ["Mrs. Vanderbilt", transformada em "Ho He Ho, senhora Vanderbilt"]. Sam foi DJ de conhecidas casas noturnas de São Paulo [Dancing, Soul Train, Raio Laser] e apresentou programas de música na TV Gazeta [*Realce baby*].

O produtor tinha um faro comercial impressionante. Foi ele que transformou Sarah, uma das cantoras de estúdio que haviam gravado o disco das Melindrosas, em sucesso da discoteca, com a música "Amor bandido". Também lançou Sharon, uma loura oxigenada que usava vestidos microscópicos e aparecia no programa do Bolinha cantando "Chacka chacka" e "Massagem for men" ["Vem cá, meu bem/ fazer uma massagem *for men*"]. Outras de suas "descobertas" musicais foram a chacrete Rita Cadillac ["Eu vou pra Serra Pelada"], o apresentador de TV Wagner Montes ["Eu quero amor"] e o cantor Nahim, que Sam lançou com o pseudônimo de Babyface, na canção "Don't Push, Don't Push [Dance, Dance, Dance]", também conhecida por "Melô do tagarela". Nahim jura que Mister Sam tirou a letra de uma bula de aspirina comprada nos Estados Unidos.

Um dos maiores sucessos de Mister Sam foi um grupo virtual, Os Três Patinhos. Foram oito LPs inteiros de hits, como "Freak le boom boom", "Meu amigo Charlie Brown" e "Fuscão preto", "cantados" por vozes de pato. Para gravar os discos, Mister Sam escolhia as músicas mais populares do catálogo da Copacabana, pegava as versões "karaokê" (músicas sem os vocais, que os artistas usavam para se apresentar em programas de TV) e simplesmente gravava as vozes de pato nas bases já existentes. Ele mesmo cantava e, depois, só acelerava a fita para obter o efeito da "voz de pato". Assim, gravou oito LPs sem usar um músico sequer. Mas a ideia não era original. Em 1976, dois anos antes de Sam lançar seus patinhos cantantes, o disc jockey norte-americano Rick Dees gravara o hit "Disco duck". E Dees nunca escondeu que havia roubado a ideia do cantor Jackie Lee, que, em 1965, lançara a faixa "The Duck".

Outro grupo virtual criado por Mister Sam foi The Vamps, que teve sucesso com *Disco Blood*, LP de discoteca com temas vampirescos e de terror, como "Oba oba, macumba" e "Vamps Sex Theme". Um dos cantores do grupo The Vamps, Ed Byrnes, era Dudu França, e o disco foi coproduzido por um certo P. Ricks, mais conhecido por Paulo Rocco, diretor artístico da Copacabana.

Mas os maiores hits da carreira de Mister Sam foram "Freak le boom boom" e "Conga la conga", gravados por Gretchen. A primeira foi "inspirada" em uma canção do veterano do rhythm and blues Hank Ballard, "Freak your boom boom". Sam diz que inventou a letra usando uma apostila da escola de inglês Fisk.

"Nunca falei inglês, mas eu roubava um pedaço da letra do Led Zeppelin, outro pedaço de outro artista, e no fim a letra não queria dizer nada, mas pelo menos rimava." Ele também escreveu letras "em francês", como "Melô do piripipi", outro estouro de Gretchen: "Eu rimava *merci beaucoup* com 'cu, cu, cu', ninguém entendia porra nenhuma".

Muitos dos artistas que fizeram sucesso na época *disco*, tanto no Brasil quanto no exterior, foram escolhidos mais por sua beleza e *sex appeal* do que por seu talento musical. Em 1978, quando a inglesa Dee D. Jackson estourou no mundo todo com "Automatic Lover", a então produtora da gravadora RGE, Sônia Abreu, contratou uma professora de ioga, Regina Shakti, para ser a Dee D. Jackson brasileira. No clipe de "Automatic Lover", a Dee D. Jackson original contracenava com um robô. Sônia mandou fazer um robô igualzinho ao do clipe, dentro do qual ela própria entrava e subia ao palco. Com ele, Regina rodou por todos os programas de TV. "Uma vez, tomei um ácido e fui com a Regina e um namorado dela até o Rio de Janeiro, num Galaxie, fazer o programa do Carlos Imperial. Foi uma loucura." Os pedidos de shows eram tantos que Sônia precisou contratar outras duas sósias de Dee D. Jackson e construir mais dois robôs. O apogeu da carreira de Regina/Dee D. Jackson e do robô/Sônia foi a apresentação que fizeram para 95 mil pessoas, dublando "Automatic Lover", antes de um clássico entre Corinthians e Palmeiras no Morumbi, durante o campeonato paulista de 1978.

Outro nome famoso da *disco* internacional que ganhou uma versão brasileira foi o grupo alemão Genghis Khan. Depois de estourar em 1979 com uma faixa dançante que louvava o grande guerreiro mongol, o grupo foi copiado no mundo todo. Aqui, seu clone se chamava Brazilian Genghis Khan, inventado por Hélio Costa Manso, então diretor da gravadora RGE e que conhecia os donos da gravadora alemã Jupiter, representantes de Genghis Khan e Dee D. Jackson. Sem dinheiro para trazer os artistas originais ao Brasil, a RGE criou "representantes", que os imitavam. O Brazilian Genghis Khan, liderado pelo bailarino argentino – mais um argentino! – Jorge Danel, começou com versões em português de hits do grupo alemão, mas logo partiu para um repertório próprio e estourou com a música infantil "Comer, comer" ("Comer, comer/ comer, comer.../ é o melhor para poder crescer"). O conjunto brasileiro durou até 1985. Cinco anos depois, quando Danel pensava em retomar as atividades, seu parceiro, o uruguaio Omar Leon, que encarnava Genghis Khan no grupo, morreu de infarto no meio de um voo da Europa para São Paulo. "Fui buscá-lo no aeroporto e recebi a notícia terrível. Foi um choque", conta Danel.

E Carlos Imperial? Em 1978, o homem que, 22 anos antes, apresentara na televisão o quadro *Clube do Rock*, voltava à Tupi para comandar o programa *Os embalos de sábado à noite*, em que divulgava a nova onda da discoteca brasileira. Gretchen, Lady Zu, As Melindrosas, Dee D. Jackson, Sarah, Miss Lene (uma cearense chamada Frankislene), Os Super-Heróis (bailarinos fantasiados de Super-Homem, Batman e Thor), Fábio (o paraguaio Juan Rolón, "o gatão das discotecas") e até Tim Maia, em sua fase *disco*, cantaram para Imperial. Mas o grande astro do programa era Dudu França, que estourou com a música "Grilo na cuca" ("Grilo na cuca!/ Meu coração é uma bomba atômica/ minha canção é super, supersônica/ minha cabeça tá pegando fogo/ fogo! fogo!").

A gênese de "Grilo na cuca" é emblemática do *modus operandi* de Carlos Imperial, o compositor: originalmente, ele queria fazer uma música no estilo da "pilantragem", cheia de ginga e com trechos falados – como "Nem vem que não tem", também composta por ele e gravada por Wilson Simonal em 1967. Imperial fez a letra e a mostrou para Dudu França, que sugeriu transformá-la em discoteca, o ritmo do momento: "Eu fiz o arranjo e convenci o Imperial a gravar daquele jeito. Ele não queria. Mas a música estourou, é claro que o Imperial não me colocou como parceiro e ainda me deu um esporro quando eu reclamei. Ele era um sacana, mas eu adorava o cara mesmo assim".

Imperial chamava Dudu de "O Gatão das Gatinhas" e o escalou no programa por dez sábados seguidos para tentar enfrentar a Globo, que investia tudo em Sidney Magal. A volúpia das fãs também causou problemas a Dudu França. "Era um perigo. Elas puxavam o cabelo, rasgavam a roupa, uma coisa de louco. Eu costumava usar camiseta regata, e várias vezes elas arrancaram o cabelo do meu peito, doía pra cacete." Em um programa de auditório, uma fã exagerou: agarrou Dudu pelo saco. "Achei que ia desmaiar de dor. Tive de dar uma cotovelada na cabeça dela pra ela largar."

A onda de artistas pop "fabricados", fossem virtuais, como Os Três Patinhos, ou de carne, osso – e bunda –, como Gretchen, não era, entretanto, uma novidade no show business. Desde que Elvis Presley se tornara famoso, em meados dos anos 1950, produtores perceberam o potencial do mercado adolescente e inventaram inúmeros clones de artistas de sucesso. Para cada Elvis e Beatles, havia centenas de cópias. O mundo pop percebeu que seus ídolos nem precisavam ser de verdade: em 1958, um músico e ator chamado Ross Bagdasarian criou o primeiro grupo virtual do pop, Alvin & the Chipmunks [Alvin e os Esquilos], com três esquilos que cantavam com vozes agudas e irritantes. Foi Bagdasarian que teve a ideia – só duas décadas antes de Mister Sam lançar seus patinhos – de gravar vozes e acelerar a gravação para mudar o tom. No Natal de 1958, o produtor fez dois compactos dos esquilos e ganhou dois prêmios Grammy, incluindo um de melhor gravação infantil. Bagdasarian, porém, deverá ficar para a história por outro feito: ele interpreta o pianista que espia L. B. Jeffries [James Stewart] do prédio em frente, em *Janela indiscreta*, o clássico de Alfred Hitchcock.

Com o sucesso dos esquilos, o pop internacional foi assolado por conjuntos fictícios inventados por produtores. O de maior sucesso foi The Archies, criação do produtor e empresário Don Kirshner, que, inspirado no desenho animado *Turma do Archie*, montou uma banda de veteranos de estúdio e gravou o compacto *Sugar Sugar*, o mais vendido nos Estados Unidos em 1969. Outras bandas fictícias de sucesso foram 1910 Fruitgum Company ("Simon Says"), Ohio Express ("Yummy, Yummy, Yummy") e Music Explosion ("Little Bit o' Soul"), todas da dupla de produtores Super K, formada por Jerry Kasenetz e Jeff Katz. O gênero ficou conhecido por *bubblegum music* ("música chiclete"), por suas canções serem sempre muito simples e dirigidas ao público infantojuvenil.

Outro nome importante da indústria *bubblegum* foi Neil Bogart. No fim da década de 1960, ele chefiava o Buddah, selo responsável por alguns dos maiores sucessos da cena *bubblegum*. Nos anos 1970, lançaria a gravadora de discoteca Casablanca, tornando-se o link entre o *bubblegum* e o novo gênero, ambos criados nas linhas de montagem do pop por produtores oportunistas.

O pop sempre foi feito a partir de recriações, releituras e plágios. Os Beach Boys copiaram "Sweet Little Sixteen", de Chuck Berry, em "Surfin' USA"; George Harrison foi processado pelo compositor Ronnie Mack por supostamente ter "se inspirado" na canção "She's So Fine", gravada pelo grupo vocal feminino The Chiffons, para escrever seu hit "My Sweet Lord"; e Raul Seixas e

Paulo Coelho surrupiaram a letra de "I Was Born Ten Thousand Years Ago", uma canção folk americana gravada nos anos 1920 por Kelly Harrell e sucesso nos anos 1970 com Elvis, para criar "Eu nasci há 10 mil anos atrás".

No livro *Country: The Twisted Roots of Rock'n'Roll*, Nick Tosches conta a história de Warren Smith, um cantor que lançou discos pela lendária gravadora Sun, casa de Elvis Presley, Jerry Lee Lewis e Johnny Cash. Em 1956, Smith gravou "Black Jack David", um country-rock sobre um espírito que tenta seduzir uma bela mulher, incentivando-a a largar marido e filho e fugir com ele. Tosches pesquisou a origem da canção e concluiu que vinha do mito de Orfeu e Eurídice, tal como descrito pelo poeta romano Virgílio em 29 a.C., no quarto livro de suas *Geórgicas*. Traduções de poetas como Ovídio (43 a.C.-18 d.C.) e de filósofos como Boécio (480-525) difundiram a história na Inglaterra e na Irlanda, onde inspiraria canções folclóricas. Estas, por sua vez, chegariam aos Estados Unidos no século XVIII, levadas por imigrantes. Em 1976, Nick Tosches perguntou a Warren Smith onde conhecera a música. "Eu escrevi a letra", respondeu o compositor, certo de que Virgílio não iria processá-lo por plágio.

1979
Quanto mais purpurina melhor

A MPB se rende ao mercado

Quando o Nopem divulgou a lista dos discos mais vendidos no Brasil em 1979, parecia que a MPB "clássica" havia sido aniquilada. Dos trinta discos no topo, apenas dois haviam sido gravados por artistas do primeiro time da música brasileira: *Roberto Carlos*, do "Rei", e *Álibi*, de Maria Bethânia. Nem sinal de Chico Buarque, Elis Regina, Caetano Veloso, Gal Costa ou Jorge Ben. A lista era dominada pela discoteca de Sylvester (*You Make Me Feel [Mighty Real]*), Village People (*YMCA*) e A Patotinha (*Natal numa discothèque*), além do samba de Luis Ayrão (*Os amantes*), Benito Di Paula (*Benito Di Paula*) e Clara Nunes (*Guerreira*).

Era preciso reagir. E alguns dos maiores nomes da música brasileira recorreram à arma mais poderosa do momento, o pop, e à aproximação com a música comercial, em LPs como *Realce* (Gilberto Gil), *Rita Lee* (Rita Lee), *Beleza* (Fagner), *Pra enlouquecer* (Baby Consuelo), *Gal tropical* (Gal Costa), *Cinema transcendental* (Caetano Veloso), *Elis* (Elis Regina), *Salve simpatia* (Jorge Ben), *Tim Maia* (Tim Maia), *Sujeito estranho* (Ney Matogrosso) e *Na Terra a mais de mil* (Pepeu Gomes), todos lançados entre 1979 e 1980.

Um artista que passou de cult a ídolo popular no fim dos anos 1970 foi Raimundo Fagner. "Fui ver um show do Roberto Carlos em Miami, e o Roberto me perguntou: 'Bicho, quando é que você vai cantar pro povão?'. Daí, eu fiz 'Revelação'." Com um solo épico de guitarra de Robertinho de Recife, "Revelação" ganhou clipe no *Fantástico* e marcou o primeiro grande sucesso comercial da carreira de Fagner, o disco *Eu canto*. Nada mau para quem havia vendido só 5 mil cópias de *Manera, Fru Fru, manera*, seu disco de estreia, lançado em 1973, e que o próprio Fagner considera "um divisor de águas" na música brasileira, com sua mistura de ritmos nordestinos e o pop de George Harrison e Cat Stevens.

Fagner foi um dos grandes nomes da "invasão nordestina" de meados dos anos 1970, ao lado de Ednardo e Belchior, ambos cearenses como ele e autores de canções de sucesso como "Pavão Mysteriozo" e "Eu sou apenas um rapaz latino-americano". Quando assinou com a CBS, em 1976, Fagner exigiu que no contrato constasse que teria direito de produzir outros artistas para a gravadora, e acabou sendo uma peça fundamental para o lançamento da cearense Amelinha, dos paraibanos Zé Ramalho e Elba Ramalho, de Robertinho de Recife e outros. Eram tantos artistas nordestinos – e, mais ainda, do Ceará – na CBS que a gravadora foi apelidada de "cearenses bem-sucedidos".

Fagner acha que a onda nordestina, que incluiu ainda os pernambucanos Alceu Valença e Geraldo Azevedo, bebeu na fonte do pop internacional. Segundo ele, "houve uma mistura da música regional com o pop. Essa mistura veio dos bailes, de tocar na noite. Eu ouvia forró e os repentistas, mas também Beatles, Emerson, Lake & Palmer, Jethro Tull, Cat Stevens, Elton John e Stevie Wonder. Fui marcado pelo trabalho do George Harrison. Acho que a nossa geração mudou a música brasileira, que era muito careta".

Outro artista que buscou uma aproximação maior com o público foi Pepeu Gomes. Quando os Novos Baianos estavam acabando, no fim dos anos 1970, ele e Baby Consuelo já tinham três filhos – Riroca, Zabelê e Nanashara –, mas viviam em estado de penúria. "Nossos filhos não tinham nada a ver com aquela pobreza, aquela miséria em que a gente vivia. A gente não tinha comida em casa, as crianças queriam ir pra escola. Olhamos um pro outro: o inferno é aqui! Precisamos sair desse inferno!" Em 1979, Pepeu foi chamado por André Midani para fazer um disco solo na Warner, e aceitou o convite.

Foi Gilberto Gil quem descobriu Pepeu Gomes, em 1969, quando preparava o show *Barra 69*, que marcaria sua despedida do Brasil e o início do exílio na Europa. Quando viu Pepeu, então com dezessete anos, tocando guitarra em um programa de TV com o grupo de rock Os Leif's, Gil ficou assombrado com a técnica do rapaz e o convidou para o show. Pepeu vinha de uma família baiana de músicos. Tinha nove irmãos, todos instrumentistas – dois deles, o baterista Jorginho e o baixista Didi, tocariam nos Novos Baianos. Em pouco tempo, passou a ser considerado um dos melhores guitarristas do Brasil. Sua fama chegou à Europa: o guitarrista inglês John McLaughlin, famoso por seu trabalho com Miles Davis e a Mahavishnu Orchestra, ficou desnorteado ao ver Pepeu tocando o "guibando", um instrumento com um braço de guitarra e outro de bandolim, e queria saber como o brasileiro conseguia tirar aquele som. Os discos que Pepeu gravou com os Novos Baianos foram elogiados por fazerem uma surpreendente mistura de rock e ritmos brasileiros, mas não venderam tanto. "Passei um tempão sendo marginalizado e tocando com um bando de ciganos. Foi uma época muito boa e feliz, mas o que eu queria era fazer sucesso no meu país, mostrar que era um vencedor."

Depois do fim dos Novos Baianos, Pepeu e Baby finalmente conseguiram fazer sucesso comercial. Eles capricharam no visual futurista/tropicalista/new wave, misturando cabelos coloridos, penas, roupas de aparência metálica e penteados esquisitos. Lançaram vários hits da FM, como "O mal é o que sai da boca do homem", "Menino do Rio", "Eu também quero beijar", "Masculino e feminino" e "Todo dia era dia de índio". Pepeu e Baby também apareceram em programas de TV falando de Thomas Green Morton, um suposto paranormal mineiro que popularizou o "Rá!", seu "grito energizante". Além de Pepeu e Baby, outros músicos famosos, como Elba Ramalho, Gal Costa, Sérgio Reis e até Tom Jobim, foram vistos gritando "Rá!" nos palcos do Brasil afora.

Tim Maia, que depois da experiência fracassada com a Cultura Racional havia se tornado um cético em relação a gurus de qualquer tipo, costumava ironizar a turma do "Rá!". Em um show no Canecão, em meados dos anos 1980, disse à plateia:

— Agora quero ver todo mundo cantando comigo o "Rá!". Vamos lá, um, dois três...

— Rá! — gritaram os fãs.

— ...diopatrulha! — completou Tim, para risadas gerais.

— Rá!

— ...padura!

— Rá!

— ...banada!

Quando a plateia já estava às gargalhadas, Tim arrematou:

— Rá!

— ...paputaqueopariu!

Pepeu Gomes não se aborreceu com Tim Maia. Nem poderia: Tim era um de seus grandes ídolos, um artista que, na opinião de Pepeu, fazia um trabalho musical de alta qualidade sem perder a pegada pop ou abdicar do apelo comercial. A admiração aumentou ainda mais depois que os dois se tornaram vizinhos, no famoso prédio da Barra da Tijuca onde Tim era síndico.

"Minha varanda era colada na varanda do Tim. Nós fazíamos 'negociações' pela varanda e ficamos amigos. Mas ele era ainda mais notívago que eu. Várias vezes, meu telefone tocava de madrugada e era o Tim, pra lá de Bagdá:

— Pepeu Gomes, corre na varanda que as naves estão todas em cima do mar!

— Puta que pariu, Tim, são cinco da manhã!

— Vai lá, Pepeu Gomes, vai na varanda pra ver, as naves chegaram!

— Tem certeza de que elas estão lá, Tim?

— Tenho, Pepeu Gomes, vai rápido!

Aí eu chegava na varanda e tava uma chuva da porra, não dava pra ver nada!"

Um dia, Pepeu estava em casa quando ouviu um grande movimento na rua. Foi à varanda e teve uma visão assustadora: não eram as naves voadoras de Tim Maia, mas vários carros da Aeronáutica, que estacionavam apressadamente na frente do prédio. Curioso, desceu para ver do que se tratava. Tim Maia tinha dado cano em um show que faria em um clube da Aeronáutica, na Ilha do Governador. Segundo um oficial, havia 5 mil pessoas esperando pelo cantor. Depois de bater na porta do "síndico" por um bom tempo, sem sucesso, um dos oficiais implorou a Pepeu que tocasse no lugar de Tim Maia. "Eu estava de folga, não tinha nenhum show marcado, peguei o telefone, chamei um baterista e um baixista e fui correndo pro clube. Fizemos o show sem ensaiar nada. Eu virava pros músicos e gritava: 'Deusa do amor, dó maior, se vira!', e conseguimos terminar o show. O público adorou. Quando voltei, no dia seguinte de manhã, quem estava na porta do meu apartamento?

— Pepeu Gomes, meu grande amigo! E aí, sobrevivemos?

— Sobrevivemos é a puta que pariu, Tim! Você devia dar graças a Deus por eu estar aqui, senão você ia levar um tiro de espingarda!

— E como eu posso retribuir o favor, meu amigo Pepeu Gomes?

— Só tem um jeito...

— E qual é, Pepeu Gomes?

— Grava uma música no meu disco!

— Ora, com o maior prazer!"

Pepeu tinha uma música perfeita para Tim: "Deixa rolar", uma baladona cheia de suingue ("Vem, vem, vem/ bota pra fora/ Vem, vem, vem/ você é fera/ Vem, vem, vem, esquece da hora/ Vem, vem, vem/ solta essa fera!"). Eles combinaram a data de gravação e Pepeu decidiu chamar alguns jornais para cobrir a sessão. "Era o Tim Maia cantando no meu disco, eu estava orgulhoso pra cacete!" Na noite marcada, Pepeu e os técnicos deixaram a faixa prontinha para Tim gravar e esperaram o músico no estúdio. "Eu estava lá com a equipe toda do estúdio, músicos, o pessoal do *Globo*, do *Jornal do Brasil*, e nada de o Tim aparecer. Mandei buscar pizza e cerveja, sabe como é, o Tim é notívago, daqui a pouco ele chega, aquela coisa, mas nada do Tim, e eu comecei a ficar desesperado." Às duas da manhã, os jornalistas foram embora. Às quatro, os técnicos do estúdio começaram a desmontar tudo. Pepeu desistiu: "Esse puto não vem mais!". Quando já estava na rua, com o dia amanhecendo, Pepeu viu um táxi parando na porta do estúdio: "Meu amigo Pepeu Gomes! Vamos gravar?". Era Tim Maia. "Eu implorei ao técnico: 'Pelo amor de Deus, não me abandone agora!'. O cara foi um santo, ligou todo o equipamento do estúdio de novo, entramos, e o Tim cantou pra caralho! Gravou a música de primeira! Quando eu tiver noventa anos, vou contar essa história pros meus netos!"

Na passagem dos anos 1970 para os 1980, houve uma mudança gradual na relação de trabalho entre os produtores musicais e os artistas. Em vez de simplesmente ajudarem a pôr em disco o que os artistas queriam, os produtores e arranjadores começaram, cada vez com mais frequência, a "moldar" o som para atender ao gosto do público e da gravadora. Os profissionais que dominavam o pop brasileiro – Guto Graça Mello, Nelson Motta, Mazzola, Lincoln Olivetti, Max Pierre, Liminha, Mariozinho Rocha, Mauro Motta, Hélio Costa Manso, Roberto Livi e Miguel Plopschi, entre outros – tornaram-se, para as gravadoras, tão importantes quanto os artistas, e seus nomes começaram a ser notados com mais atenção na contracapa dos discos.

Mazzola diz que sua geração batalhou para gravar discos com mais qualidade. Para ele, os estúdios brasileiros sofriam com problemas de equipamento e mão de obra, e era gritante a diferença de qualidade entre uma música gravada no Brasil e outra no exterior. Ele começou a fazer, em meados dos anos 1970, a ponte aérea Rio-Los Angeles para estudar produção e técnicas de gravação, e também para importar instrumentos e equipamentos de estúdio.

Quando Gilberto Gil marcou uma turnê pelos Estados Unidos, Mazzola o convenceu a gravar o disco *Realce* em Los Angeles. Então, reuniu a ótima banda de Gil – Luiz Carlos (bateria), Rubão Sabino (baixo), Tuca (teclados) e Djalma Correa (percussão) – com excelentes músicos norte-americanos, como o guitarrista Steve Lukather, do grupo Toto, o baterista Rick Schlosser, que tocava com Van Morrison e Rod Stewart, e o tecladista Michael Boddicker, colaborador de Bee Gees e de Quincy Jones e ganhador de um Grammy pela trilha sonora do filme *Flashdance*. Os arranjos de metais foram de Jerry Hey, que trabalhava com Michael Jackson e Earth, Wind & Fire.

Mazzola sugeriu gravar a base da faixa-título do disco, "Realce" ("Realce, realce/ quanto mais purpurina melhor..."), só com músicos americanos. "Quando estávamos gravando essa música [com a banda de Gil] fiquei agoniado, não estava gostando do resultado e disse isso ao Gil", escreveu o produtor em sua autobiografia, *Ouvindo estrelas*. Mazzola achava que a música precisava de uma "pegada mais internacional", e Gil, depois de relutar bastante, acabou concordando. O produtor estava certo: *Realce* foi o segundo LP mais vendido no Brasil em 1980, perdendo apenas para o de Roberto Carlos, e virou um modelo para outros artistas. Guilherme Arantes considera o disco um marco do pop brasileiro.

O LP trouxe dois grandes sucessos de rádio, "Realce" e o reggae "Não chore mais", versão de Gil para "No Woman, No Cry", de Bob Marley. Eram músicas simples e de forte apelo popular. Felizmente, Gil não usou nas letras a mesma prolixidade que empregou ao comentar o disco: "A letra [de "Realce"] parte de um escopo geral que é falar do que, à época, eu chamava de 'salário mínimo da cintilância a que têm direito todos os anônimos' – nos terminais de metrô, nas arquibancadas dos estádios, nas discotecas. Esse lado *Saturday Night Fever* está propositalmente explicitado nos três pseudorrefrões, que funcionam para reiterar a macdonaldização da vida cotidiana nas grandes cidades, mas também para dar-lhe uma qualificação de profundidade que necessariamente também existe nessas coisas tão associadas à superficialidade".

A exemplo de Mazzola, Pepeu Gomes também sentiu a necessidade de gravar fora do país. Ele via muitas deficiências nos estúdios brasileiros: "Havia o problema do corte. Quando você aumentava o volume, a agulha pulava, não tinha tecnologia para aguentar um som com mais *punch*. A bateria e o baixo eram sempre muito altos e a guitarra ficava baixa". Quando o baiano gravou um show em Montreux, na Suíça, para um disco ao vivo, o tecladista do grupo Yes, Patrick Moraz, ofereceu seu estúdio no país para a mixagem. Pepeu passou um mês lá e o resultado foi, segundo ele, muito melhor do que o que conseguiria no Brasil.

Mesmo gravando no exterior com alguns dos melhores músicos e técnicos norte-americanos, Pepeu brigava constantemente para impor suas opiniões. Ele bateu de frente com o produtor Ronnie Foster, um tecladista que tocava com Stevie Wonder e George Benson, e que a CBS havia contratado para produzir o disco *Masculino e feminino*. "O Ronnie queria sempre diminuir o volume da minha guitarra, e eu fiquei puto. Ele me disse: '*Too much guitar, too much!*', e eu respondi: Tomate é o caralho! Tomate que eu conheço é só na salada! E, se você não sair do estúdio agora, eu volto pro Brasil!". O presidente da CBS, Tomás Muñoz, ligou para Pepeu em Nova York, disse que estava gastando 100 mil dólares na gravação e implorou ao guitarrista que não abandonasse o estúdio. "Eu terminei o disco de cara amarrada, foi barra. Lembro que fiz um arranjo de 'Brasileirinho' em jazz, e o Ronnie achou engraçado: '*That's funny!*'. Eu explodi: '*Funny* é a puta que o pariu! *Fuck you!*'."

Dos arranjadores e produtores que despontaram no fim da década de 1970, um dos mais polêmicos, influentes e talentosos foi Lincoln Olivetti. Personagem enigmático e recluso, avesso a entrevistas e a marketing pessoal, Olivetti foi, por muito tempo, malhado pela crítica e acusado de "pasteurizar" a música brasileira e torná-la excessivamente comercial. Seus pares, no entanto, o consideram uma sumidade. Perguntei a oito músicos o que achavam dele, e seis usaram a mesma palavra para defini-lo: "gênio". Lulu Santos o chamou de "mestre dos mestres"; Pepeu Gomes o considera "um músico sempre à frente do seu tempo, fora de série, com um ouvido absoluto".

Lincoln Olivetti nasceu em 1954 em Nilópolis, na Baixada Fluminense. O pai, Milton, era advogado e trabalhava em cartório, mas também compunha e tocava vários instrumentos. Lincoln começou a estudar piano ainda criança e logo se interessou por gravação e mixagem. Aos catorze anos, era dono de uma mesa de som Tascam e tocava teclados em bailes e festas. No fim dos anos 1960, montou um conjunto de baile que reinou em clubes como Nilopolitano, Ideal, Pavunense, Mesquita, Vasquinho de Morro Agudo e Esportivo da Penha, onde dividia o palco com A Bolha, Os Devaneios e Lafayette [tecladista de Roberto Carlos e da Jovem Guarda]. O repertório era o mais variado. "Eu tocava Jethro Tull, Humble Pie e Iron Butterfly, e emendava Emerson, Lake & Palmer com 'Aquele abraço', do Gil", ele conta.

No início dos anos 1970, Olivetti já era uma lenda no subúrbio e tinha o melhor grupo de baile da cidade. "Eles tocavam Santana, Deep Purple, e eu ficava louco com aquilo", lembra o compositor Paulo Massadas. Um dia, Massadas e um amigo foram à casa de Lincoln e encontraram o tecladista de pijama, na varanda. Lincoln os convidou para entrar. Massadas viu um piano na sala e começou a tocar "Love", de John Lennon ["Love is real/ real is love/ love is feeling/ feeling love"]. Lincoln pediu para tocar. "Mas continua cantando, vai", disse a Massadas. Depois de alguns minutos, Lincoln perguntou:

— Quer tocar comigo?

— Tocar ou cantar?

— Cantor eu já tenho, preciso de um contrabaixista. Quer tocar baixo?

— Mas eu não sei tocar baixo.

— Não tem problema, eu te ensino.

Para Massadas, que não se considerava um músico à altura de tocar com Olivetti, aquilo foi um desafio e uma honra: "Foi como se Paul McCartney me chamasse pra tocar". Em um mês, ele estava tocando Led Zeppelin, Deep Purple e Humble Pie. Pouco depois, Massadas foi promovido a cantor da banda. "O Lincoln sacou que minha voz era boa pra cantar rock, que não tinha muita voz assim no Brasil, meio rasgada."

Apesar de dominar técnicas de gravação e mixagem, Olivetti não pretendia trabalhar com produção de discos. Queria mesmo era alugar seus teclados, como fazia José Roberto Bertrami, tecladista do Azymuth: "Isso dava uma boa grana". Em 1973, foi a São Paulo com o amigo Papi – que depois integraria o grupo Painel de Controle – mostrar músicas para Antonio Marcos, que estava gravando *O homem de Nazaré*. Lincoln foi à casa Del Vecchio, comprou um violão de doze cordas e acabou tocando violão e teclados nesse disco de Antonio Marcos, que teve arranjo do maestro Chiquinho de Moraes. "O Chico virou pra mim e disse: 'Em cinco anos, você vai ser o melhor arranjador do Brasil'. Eu disse que não queria fazer arranjo, que isso dava um trabalho fodido."

Em 1976, Olivetti conheceu o músico Robson Jorge durante a gravação de "Fim de tarde", balada soul que Robson e Mauro Motta fizeram para a cantora Claudia Telles, filha de Sylvinha Telles, pioneira da Bossa Nova. "Essa foi a primeira grande música pop brasileira que ouvi", lembra Massadas. "Era uma coisa nova no Brasil, com um arranjo supermoderno. Essa música marcou demais e influenciou muita gente." Certamente marcou Olivetti, que iniciou uma parceria de sucesso com Robson Jorge. A colaboração culminou no disco instrumental *Robson Jorge e Lincoln Olivetti*, uma joia da soul music brasileira, lançado em 1982.

Olivetti participou, como músico ou arranjador, de muitos discos de sucesso na passagem dos anos 1970 para os 1980. Tocou e fez arranjos de metais em *Rita Lee*, LP que tinha "Lança perfume", "Baila comigo" e "Caso sério". Fez os arranjos de "Festa do interior" e "Meu bem, meu mal" para Gal Costa. Trabalhou com Jorge Ben em "Salve simpatia", fez arranjos para Gilberto Gil em "Não chore mais" e "Palco", e para Tim Maia em "Eu e você, você e eu" e "Acenda o farol". Olivetti se especializou em arranjos festivos e dançantes, que alavancavam a vendagem dos discos, mas que nem sempre tinham os elogios da crítica. "Fui acusado de pasteurizar a MPB, mas eu só estava fazendo o que julgava melhor para os artistas."

Roberto de Carvalho, marido e parceiro de Rita Lee, diz que contar com Olivetti e sua turma, no estúdio, representava um tremendo *upgrade* musical: "As gravações eram orgânicas, no primeiro *take* já estava tudo lá, sem muito playback. De um bom gosto a toda prova". Lulu Santos lembra a reação negativa da crítica musical quando Gal Costa gravou o arranjo de Olivetti para "Festa do interior", de Moraes Moreira: "Acho a gravação de Gal um glorioso monumento à melhor MPB. Foi um estouro sem tamanho. A reação da crítica foi de escárnio e fobia. Lembra o 'Narciso às avessas' do Nelson Rodrigues, uma incapacidade de lidar com o prazer da realização e a vitória". Olivetti minimiza sua contribuição em "Festa do interior", dizendo que a batida que há no começo da música foi uma ideia de Moraes Moreira e já tinha sido aprovada pelo público na temporada que Gal fizera no Canecão. As rusgas de Olivetti com a imprensa aumentaram por causa de seu temperamento fechado: "Sempre caguei e andei pra entrevista, só me preocupava com meu trabalho, não ligava pra festa nem autopromoção". Seus hábitos de trabalho eram peculiares: ele costumava gravar só de madrugada. Pepeu Gomes apelidou o estúdio de Olivetti de "Morcegão": "Eu ligava: 'Aí, Lincoln, hoje tem Morcegão?'. E sabia que ia rolar sessão a noite toda".

A guinada de personagens importantes da MPB "clássica" rumo a uma música mais pop e acessível não foi bem-aceita pela crítica. Muita gente acusou os artistas de se venderem ao sistema e baixarem o nível de qualidade da música brasileira. Nem os próprios músicos pareciam seguros de que o pop era o rumo certo a ser tomado. Em 2002, Gilberto Gil revelou ao pesquisador Marcelo Fróes que pensou em abandonar a música depois do lançamento de *Realce*: "Eu compunha bastante, mas também estava questionando meu talento. O Tropicalismo havia deixado essa herança complicada. Eu estava variado, muito voluptuoso, mas ao mesmo tempo muito exigente. Tinha que estar engajado, por força daquela herança dos festivais. Precisava fazer parte do sistema, mas sem abrir mão de minhas ideologias. Isso tudo me atormentava, pois eu não aceitava com tranquilidade as coisas que estava fazendo".

Sidney Magal diz que houve um racha entre a MPB antiga e os artistas pop que surgiam, e que alguns ficaram no meio do caminho: "Gente como eu e Peninha fomos tachados de bregas e cafonas, de artistinhas fabricados pelas gravadoras. Sempre achei que nós éramos muito brasileiros, irreverentes, coloridos e autênticos, mas havia um grande preconceito social na época. Qualquer canção mais comercial era considerada 'música de empregada', de baixa qualidade. Alguns artistas tinham medo do sucesso". Mazzola conta que penou para convencer Ney Matogrosso a gravar "Homem com H", forró que havia estourado com o grupo Os Três do Nordeste: "Todo artista é assim. Dizem: 'Eu sou underground, sou alternativo'. É uma mentira isso". Hélio Costa Manso acha que a palavra "comercial" era usada de forma pejorativa, quase como um xingamento: "É difícil para um artista se convencer de que tocar só o que ele gosta é o preço do insucesso. Trabalhando com artistas de todos os estilos, aprendi a gostar de cada coisa que eu fazia, e olha que fiz coisas bem bregas".

Alguns artistas não se importavam com as críticas e abraçaram a cena pop. Guilherme Arantes diz que vários músicos começaram a buscar um público mais jovem: "O mercado estava mudando. A moçada de vinte e poucos anos, que antes só ouvia pop internacional, começou a perceber que existia um pop muito bem-feito no Brasil também: Rita Lee, Raul Seixas... Foi uma época em que a qualidade técnica dos discos gravados no Brasil começou a melhorar. A minha geração ajudou a pavimentar o mercado brasileiro que veio depois".

Outro músico que defendia o pop brasileiro era Lulu Santos. Em 1977, ele saiu do grupo de rock Vímana, no qual tocava com Lobão e Ritchie, e começou a produzir trilhas sonoras para novelas da Globo. Nunca considerou a música comercial algo a ser combatido. "Sempre discordei disso, na prática, como ouvinte e consumidor: se é industrial e popular é necessariamente ruim? O que seria de toda música americana, de Bing Crosby em diante, se esse fosse o caso?" Robertinho de Recife acha que o papel do produtor de discos mudou naquela época: "Os produtores se tornaram funcionários das gravadoras. As gravadoras diziam: 'Quero uma coisa quadradinha assim', e os produtores começaram a padronizar tudo".

Entre os artistas que fizeram a música mais inventiva e radical no fim dos anos 1960, um nome se destacou também na transição para o pop, dez anos depois: Rita Lee. Depois de sair dos Mutantes, em 1972, ela se reinventou, primeiro como voz da banda de rock Tutti Frutti, com a qual gravou quatro LPs, e, depois, como um dos maiores nomes do pop brasileiro. Em parceria com o marido, Roberto de Carvalho, ela lançou uma sequência de cinco LPs que marcaram a música pop *made in Brazil*: *Rita Lee* (1979), *Rita Lee* (1980), *Saúde* (1981), *Rita Lee e Roberto de Carvalho* (1982) e *Bombom* (1983).

Em 1976, Rita tinha 28 anos e estava grávida de três meses quando foi presa, em casa, por porte de maconha e LSD. "Ela era uma menina roqueira, e a prisão prejudicou muito sua imagem", lembra Guto Graça Mello, da Som Livre. "Quando comecei a trabalhar com a Rita (por volta de 1974), ela não vendia nada, apenas coisa de 7 mil discos. E a sociedade era muito preconceituosa. Se um jovem chegasse em casa com um disco da Rita, os pais brigavam, diziam que ela era ex-presidiária, essas coisas." Guto acha que a grande sacada do casal foi "fazer discos pop que os velhos pudessem ouvir". Foi aí que surgiram o que ele chama de "os boleros da Rita", como "Doce vampiro" e "Mania de você", do LP de 1979, e "Caso sério", de 1980. "Essas músicas tinham uma linguagem mais suave, mais gostosa, era uma música acessível", diz Lulu Santos, que ficou impressionado com os discos: "Os Mutantes, por um período, e posteriormente a Rita solo foram meus faróis, minhas luzes-guias. O período de sucesso popular dos álbuns de Rita e Roberto, nos anos oitenta, de certa forma orientou minhas escolhas e investidas profissionais."

Foi o romance de Rita com Roberto de Carvalho, iniciado em 1976, uma das razões principais da guinada pop da compositora. Roberto explica assim a mudança: "Foi um movimento completamente orgânico, decorrente de uma fusão musical resultante de uma convivência amorosa intensíssima, de uma evolução musical e artística espontânea. O amor provavelmente gera uma musicalidade mais harmônica, melodiosa, doce, belas baladas, temática romântica, ou seja, pop". Roberto lembra que Rita sempre teve um gosto musical eclético e nunca se prendeu a um estilo: "É importante notar que a Rita, como artista, como personalidade, só poderia mesmo ter seguido um caminho muito mais amplo (pop) do que aquele que o gueto de 'roquenrou' poderia oferecer."

A verdade é que Rita, mesmo quando estava no Tutti Frutti, já questionava as limitações e ortodoxias impostas pelo rock. Em uma entrevista a Ana Maria Bahiana, em 1977, a cantora declarou: "Sabe que eu não gosto de ficar dizendo que faço rock? Sabe que isso não quer dizer nada pra mim? Aí eu já pego e escrevo r-o-q-u-e, com "q" mesmo, já é outra coisa, não é ficar fazendo rock, rock, radicalmente. Isso é impossível, gente, a gente vive aqui, no Brasil, tem que se ligar nisso, falar das coisas daqui [...]. Não curto roqueiro radical. É uma gente muito fechada, preconceituosa... Sei lá. São tão radicais e preconceituosos quanto os radicais da MPB. Não gosto nem de um, nem de outro". Na mesma entrevista, Rita bateu também nos "radicais da MPB": "As pessoas faziam abaixo-assinado pra gente sair dos festivais, os críticos diziam que os Mutantes não iam durar nem um mês... Eu tenho tudo isso guardado. Era uma barra aquela época. A gente vivia cercado de feras. E a gente, garoto, querendo botar pra quebrar. O papel dos Mutantes naquilo tudo era este: agitar, irritar. Ah, todo mundo contra a gente? Então vamos fantasiados, eu de noiva grávida, vamos irritar mesmo".

Rita e Roberto lembram que a primeira entrada da compositora no *mainstream* foi com o compacto de "Arrombou a festa", de 1977, uma parceria com Paulo Coelho em que ela ironizava a MPB ("Ai, ai meu Deus/ O que foi que aconteceu/ com a música popular brasileira?") e esculhambava gente como Benito Di Paula, Wilson Simonal, Martinho da Vila e Roberto Carlos, entre outros. Mas o grande salto comercial foi mesmo o álbum *Rita Lee*, de 1979, que trouxe sucessos de rádio como "Mania de você", "Chega mais" e "Doce vampiro". O casal diz que o triunfo do LP não foi resultado de nenhuma estratégia de marketing ou de mudança de direcionamento musical: "Foi um disco original, mágico, com um repertório de peso e qualidade, algumas das melhores coisas que já fizemos estão ali. Um disco puro e sincero, sem expectativas ou estratégias de nenhuma espécie". O casal garante que nunca se sentiu pressionado ou controlado pela gravadora: "As gravadoras controlavam bastante (não no nosso caso), mas havia muito mais espaço para o experimental, assim como existia uma indústria fonográfica verdadeira (hoje, a indústria virou feirinha hippie!), a produção era enorme e grandes vendedores de disco descomprimiam a expectativa de resultados de venda que passou a existir com o início da decadência da indústria. E tem o fator *Zeitgeist*. Esse fenômeno criativo não era só no Brasil, era no mundo todo".

Rita Lee foi importante não só pelos discos que gravou, mas também por sua postura a favor do pop e contra certo esnobismo da "autenticidade", que contaminava fãs de rock e de MPB. Foi uma artista inovadora, que, com os Mutantes, desafiou o conservadorismo da música brasileira e depois abraçou o "popular", vendendo 55 milhões de discos. No ranking de maiores vendedores do país feito pela Associação Brasileira de Produtores de Discos (ABPD), ela está em quarto lugar, atrás apenas de Tonico e Tinoco, Roberto Carlos e Nelson Gonçalves. Até hoje, é nossa maior pop star feminina.

1980

Os Carbonos e Os Famks

Heróis anônimos do pop

Em 4 de fevereiro de 1980, a TV Globo estreava a novela *Água viva*. Escrita por Gilberto Braga e Manoel Carlos e dirigida por Roberto Talma e Paulo Ubiratan, tinha no elenco Betty Faria, Reginaldo Faria, Raul Cortez, Lucélia Santos, Beatriz Segall, Tônia Carrero, José Lewgoy e Fábio Jr. A trilha sonora nacional, lançada pela Som Livre, trazia sucessos como "Menino do Rio" (Baby Consuelo), "Realce" (Gilberto Gil), "Grito de alerta" (Maria Bethânia), "Desesperar, jamais" (Simone), "Amor, meu grande amor" (Ângela Rô Rô), "Noites cariocas" (Gal Costa), "Altos e baixos" (Elis Regina) e "Vinte e poucos anos" (Fábio Jr.). A seleção de músicas havia sido feita por Lulu Santos, ou melhor, Lulu dos Santos, como dizia a contracapa do LP.

O disco com a trilha internacional também trazia uma forte seleção, marcada pela discoteca, gênero que ainda reinava no país. Misturava faixas dançantes – como "D.I.S.C.O." (Ottawan), "Love I Need" (Jimmy Cliff), "The Second Time Around" (Shalamar) e "Mandolay" (La Flavour) - a baladas românticas, como "Babe" (Styx), "Ships" (Barry Manilow), "Just Like You Do" (Carly Simon) e "Memories" (Bianchi). Imagens de uma vela de windsurfe e de praticantes do esporte ilustravam a capa e a contracapa do LP internacional, criada por Hans Donner, o designer austríaco que havia criado o logotipo da TV Globo.

Na semana de lançamento do LP internacional de *Água viva*, um disco parecido chegou às lojas. Não era da Som Livre, mas da

Continental. *Água viva – Temas internacionais da novela* trazia na capa a foto de um sujeito praticando windsurfe e tinha um repertório idêntico ao do LP da Som Livre: Ottawan, Jimmy Cliff, Barry Manilow, Carly Simon... As versões, no entanto, não eram originais. Escondida no canto da capa, em fonte pequena, constava esta palavra: *covers*. Não demorou muito para que o disco chamasse a atenção da Som Livre, e uma cópia chegou às mãos do diretor da gravadora, Hélio Costa Manso. Ao constatar a qualidade das versões, ele não teve dúvidas: aquilo só podia ser obra dos Carbonos.

Hélio conhecia muito bem Os Carbonos. Dois anos antes, produzira, na própria Som Livre, um medley de músicas dos Bee Gees para a trilha da novela *Dancin' days*, cantado pelo grupo vocal Harmony Cats e tocado pelos Carbonos. Na época, muita gente ficou impressionada com a semelhança entre a gravação dos Carbonos e as músicas originais dos Bee Gees (cujos discos saíram no Brasil pela Polygram). Agora, a Som Livre experimentava o seu próprio veneno.

O *Água viva* da Continental era tão bem-gravado que começou a prejudicar a venda do LP da Som Livre. O público não distinguia a versão do original. Muita gente chegava à loja, pedia o "disco da novela" e saía de lá, feliz da vida, com a versão cover. A Som Livre ameaçou excluir os artistas da Continental dos programas da Globo caso o disco não fosse retirado do mercado. Assustada, a Continental suspendeu as vendas de sua versão de *Água viva*. Hoje, o LP é uma raridade muito disputada no mercado de discos usados.

Trinta e três anos depois do episódio, em fevereiro de 2013, Beto Carezzato, baixista dos Carbonos, bate os olhos na capa do disco *Água viva* da Continental e diz: "É, acho que participamos desse estelionato!". O irmão, Raul, cantor e percussionista, põe o disco na vitrola, ouve alguns segundos, e comenta: "Me lembro dessa percussão... Fui eu que gravei".

O grande público não conhece Os Carbonos, mas muita gente sabe cantar os hits do pop brasileiro que eles gravaram, como músicos de estúdio: "Feelings" (Morris Albert), "Summer Holiday" (Terry Winter), "Domingo feliz" (Ângelo Máximo), "Aquela nuvem" (Gilliard), "Flying" (Jessé), "Fuscão preto" (Almir Rogério), "Aonde a vaca vai o boi vai atrás" (João da Praia), "É o amor" (Zezé Di Camargo e Luciano), além de dezenas de LPs de Melindrosas, Harmony Cats, Bartô Galeno, Trio Parada Dura, Amado Batista, Carlos Alexandre, Los Maneros, Tony Damito, Marcos Roberto, Chrystian e Ralf e dez LPs de Paulo Sérgio, o maior rival de Roberto Carlos. Somando tudo, os Carbonos são uma das bandas que mais venderam discos no Brasil.

De meados dos anos 1960 ao fim dos anos 1980, eles foram o grupo de estúdio mais atuante de São Paulo, gravando por diversos selos: RGE, Top Tape, AMC, Beverly, Copacabana, Continental, Mocambo, Som Livre e Chantecler. Além do trabalho com outros artistas, lançaram cerca de quarenta LPs próprios, entre discos de covers, músicas italianas, rock, samba, sertanejo e forró. Também gravaram jingles famosos, como "Toddy, sabor que alimenta" e o inesquecível comercial da dedetizadora D.D.Drin ("A pulguinha dançando iê-iê-iê, o pernilongo mordendo o meu nenê").

Calcular com exatidão o número de músicas gravadas pelos Carbonos é impossível. Nem eles têm registro de tudo. Em um dia normal, faziam um LP inteiro, com dez ou doze faixas. Chegavam a passar dias e noites seguidos no estúdio, dormindo em sofás. Trabalhavam de segunda a sábado. Um cálculo possível – dez músicas por dia, cinco dias por semana, durante vinte anos – daria um total de mais de 50 mil músicas. Só para comparar, o lendário baterista Hal Blaine, um dos músicos de estúdio mais prolíficos e celebrados dos Estados Unidos, que tocou com Elvis Presley, Beach Boys, Simon & Garfunkel e The Supremes, calcula ter gravado 35 mil músicas em quatro décadas de carreira. Os Carbonos poderiam talvez estar no *Guinness*, o livro dos recordes.

A base dos Carbonos são os irmãos Mário, Beto e Raul Carezzato. Beto e Raul nasceram em 1946 e são gêmeos não idênticos. Mário é cinco anos mais velho. A família, de origem italiana, tem uma longa história na música. Os tios dos rapazes eram Os Trigêmeos Vocalistas, grupo vocal que fizera sucesso nos anos 1930 e 1940 cantando no Cassino da Urca e na Rádio Nacional (assim como os Carbonos, os Trigêmeos Vocalistas eram formados por dois gêmeos e o irmão mais velho). No início dos anos 1960, quando os Carezzato viviam no bairro Santa Cecília, em São Paulo, os gêmeos Beto e Raul começaram a se interessar por rock. Mário só queria saber de música clássica: formou-se em piano, canto, regência de coral e orquestração e chegou a excursionar pela Europa como barítono do Madrigal da Orquestra de Câmara de São Paulo.

Beto e Raul se juntaram aos amigos "Ricardão" Fernandes de Morais (guitarra) e Igor Edmundo (baixo e guitarra) – um guatemalteco que vivia no Brasil – e, com o nome de Os Quentes, gravaram o primeiro compacto. Logo depois, o baterista Antônio Carlos de Abreu, irmão do autor de novelas Sílvio de Abreu, entrou no grupo, e Mário, o irmão mais velho, assumiu os teclados. Os Quentes foram tocar na boate do hotel Danúbio, na avenida Brigadeiro Luís Antônio, em uma época em que lá se hospedava um grupo de americanos da Força Aérea que faziam levantamentos topográficos no Brasil. Para agradar aos hóspedes, o grupo tocava rock em inglês e também músicas de grupos instrumentais, como The Shadows e The Ventures. Os americanos adoravam.

Impressionada com a qualidade técnica dos rapazes, a gravadora Beverly encomendou um LP de covers com sucessos do momento. Os Quentes gravaram "A praça" (Ronnie Von), "Só vou gostar de quem gosta de mim" (Roberto Carlos), "Coração de papel" (Sérgio Reis) e "Vem quente que eu estou fervendo" (Erasmo Carlos), além de hits internacionais como "With a Girl Like You" (The Troggs) e "Black Is Black" (Los Bravos). Um dia, Beto e Raul andavam pelo centro de São Paulo quando viram vários cartazes anunciando o disco, mas com o nome de outro conjunto: Os Carbonos. A Beverly havia rebatizado o grupo e nem os avisara. O nome, contudo, era perfeito: ninguém copiava músicas com tanta competência quanto eles.

O disco foi o primeiro de uma série, chamada *As 12 mais da juventude*. Os Carbonos gravaram Beatles ("Ob-la-di, ob-la-da"), Jorge Ben ("Ela é minha menina"), Otis Redding ("Sittin' on, the Dock of the Bay"), Roberto Carlos ("É meu, é meu, é meu"), Procol Harum ("A Whiter Shade of Pale") e muitos outros nomes de sucesso. Às vezes, o conjunto fazia versões antes que as músicas originais chegassem às lojas. Raul conta que os produtores subornavam os funcionários de outras gravadoras para mostrar ao grupo os acetatos (discos "modelo", que serviam de base para a prensagem de LPs) de futuros lançamentos. Os Carbonos decoravam as músicas e corriam para gravá-las no estúdio. A Beverly logo percebeu que o talento dos rapazes não se limitava ao rock e transformou Mário Carezzato no cantor "italiano" Mario Bruno, que gravou a série de discos *As 12 mais italianas*, com hits da música pop da terra de Rita Pavone.

Os Carbonos chegaram a tocar com Roberto Carlos no programa de TV *Jovem Guarda* e se firmaram como uma das melhores bandas de baile do país, fazendo longas excursões pelo Norte e Nordeste. Um de seus grandes sucessos foi a série *Supererótica*, lançada em 1970 com o pseudônimo de Magnetic Sounds, que trazia canções de temas "adultos" como "Doin' It", de Ike Turner, e "Je t'aime, moi non plus", de Serge Gainsbourg. Os gemidos de Jane

Birkin foram gravados, na versão brasileira, pela cantora Norma Aguiar, irmã de Nalva Aguiar. Os discos chegavam às lojas com uma tarja que dizia: "Censura 18 anos", além de um texto alertando que a radiofusão e execução das músicas estavam proibidas em locais públicos. Foi um estouro de vendas.

Os rapazes, entretanto, logo cansaram da vida na estrada e passaram a se concentrar no trabalho em estúdios. Em pouco tempo, viraram o conjunto mais procurado por gravadoras e artistas. Além de o grupo tocar em incontáveis discos, os músicos participaram, individualmente, de outros tantos: Raul fez vocais de apoio – junto com Antonio Marcos – em "Aleluia (Che Guevara não morreu)", de Sérgio Ricardo, e "Moça", de Wando, e percussão em "Entre tapas e beijos" (Leandro e Leonardo) e "Comer, comer" (Genghis Khan). Beto tocou baixo em inúmeros discos de Odair José e César Sampaio.

O trabalho no estúdio era extenuante, e o ritmo das gravações, acelerado. Os integrantes dos Carbonos liam partituras, gravavam rapidamente e quase nunca erravam. Muitas vezes, nem sabiam o que estavam gravando. "Os maestros e arranjadores chegavam com as partituras, a gente dava uma olhada e gravava, sempre de primeira", conta Beto. Um dia, o maestro Rogério Duprat, responsável por alguns dos principais arranjos da Tropicália, chegou ao estúdio acompanhado de Jorge Ben e Gal Costa. Duprat disse que queria gravar uma música, mas não tinha partitura. Ele pediu a Beto e Raul que prestassem atenção no violão de Jorge Ben e o acompanhassem. Beto tocou baixo e Raul, percussão. Meses depois, quando ouvia rádio, uma música chamou a atenção de Beto. Era uma canção bonita, suingada, com arranjo lindo e vocais de Gal e Caetano Veloso. Era "Que pena" (do disco *Gal Costa*, de 1969). "Eu imediatamente reconheci o baixo e a percussão. Fomos nós que gravamos." Músicos de estúdio raramente recebiam créditos nos discos. Raul diz que se arrepende de ter sido tão relapso com isso: "Queríamos receber pela tabela do sindicato e não nos preocupávamos com os direitos. Hoje, sabemos que isso nos prejudicou".

O fenômeno dos músicos "fantasmas" não aconteceu só no Brasil. A história do pop é repleta de heróis anônimos que gravaram algumas das músicas mais famosas de todos os tempos.

 No primeiro compacto dos Beatles, *Love Me Do*, de 1962, Ringo Starr foi substituído por um baterista de estúdio, Andy White. O guitarrista Jimmy Page, antes de se tornar um astro do rock com o Led Zeppelin, foi um dos mais requisitados músicos de estúdio da Inglaterra. Calcula-se que tenha tocado em pelo menos 60% dos discos de pop-rock gravados no país no início da década de 1960, incluindo clássicos de Tom Jones ("It's Not Unusual"), The Kinks ("You Really Got Me" e "All Day and All of the Night"), Shirley Bassey ("Goldfinger"), The Who ("I Can't Explain") e Them ("Gloria").

 Nos Estados Unidos, algumas gravadoras tinham suas próprias bandas. A Stax, de Memphis, casa de astros da soul music como Otis Redding, Isaac Hayes e Sam and Dave, tinha Booker T. & the MGs. A Motown, mítica gravadora de black music de Detroit, contava com um grupo conhecido como Funk Brothers, que tocou em discos de Marvin Gaye, Stevie Wonder, The Supremes e The Temptations. Outro famoso grupo de músicos de estúdio foi o The Wrecking Crew, de Los Angeles, que incluía cerca de quarenta instrumentistas que trabalharam com a nata do pop americano, como Elvis Presley, Beach Boys, The Byrds, Simon & Garfunkel, John Denver, The Mamas & The Papas, Nat King Cole, Carpenters e Bing Crosby. Um dos principais nomes do grupo The Wrecking Crew, Carol Kaye, é uma das baixistas mais gravadas no mundo, famosa por seu trabalho no álbum *Pet Sounds*, do Beach Boys, e pela guitarra que comparece na faixa "La bamba", de Ritchie Valens.

Os Carbonos impressionavam pela versatilidade. Eram capazes de gravar rock, samba, sertanejo ou forró, imitando com perfeição os timbres característicos de cada estilo e sem que nenhum deles soasse falso. "Não houve em São Paulo uma banda de estúdio tão boa como Os Carbonos; eles eram os melhores, os mais profissionais e os mais competentes", garante Carlos Alberto Lopes, o "Sossego", radialista e produtor musical que conheceu o conjunto em meados dos anos 1960. "Há músicos que destroem no palco, mas não rendem no estúdio. Os Carbonos eram ótimos nos dois", conta Carlinhos Borba Gato, músico que fez sucesso cantando country ("Pegue seu sorriso") e se tornou um dos produtores e letristas mais requisitados do pop brasileiro na década de 1980, como letrista para Genghis Khan ("Comer, comer"), Rita Cadillac ("É bom para o moral") e Gugu Liberato ("Bota talquinho").

Quando uma gravadora queria lançar uma canção de algum artista de outro selo, a solução mais fácil e barata era gravar uma versão. Na segunda metade dos anos 1970, com o mercado do disco em expansão e cada vez mais competitivo, a indústria dos covers proliferou. Não foram só as gravadoras menores que apelaram a eles, mas as multinacionais também. A Odeon lançou a série *Década explosiva romântica*, em que o grupo The Fevers tocava – sem créditos, claro – versões de "Bridge Over Troubled Water" (Simon & Garfunkel), "My Sweet Lord" (George Harrison), "Skyline Pigeon" (Elton John) e "Hey Jude" (Beatles). A Polygram atacou com a série *Festa de sucessos*, com versões de "You Are the Sunshine of My Life" (Stevie Wonder), "Why Can't We Live Together" (Timmy Thomas) e "Oh, Girl" (The Chi-Lites). Até a Som Livre, que chiou tanto com a versão cover do disco de *Água viva*, passou anos fazendo o mesmo com as outras gravadoras, como prova a série *Superparada – Sucessos internacionais nas paradas de todo o Brasil*, que trazia versões de hits como "Horse With No Name" (America), "You're a Lady" (Peter Skellern) e "The First Time I Saw Your Face" (Roberta Flack).

A qualidade das gravações variava enormemente. Algumas eram fiéis às originais, com bons arranjos e vocais em inglês correto; outras eram cantadas em puro "embromation". As séries *Premier mundial* [sic] e *Superexplosão mundial*, da gravadora CID/Square, pareciam ter sido gravadas no fundo de uma caverna por cantores que estudaram inglês com o técnico Joel Santana. Já as faixas gravadas pelos Carbonos impressionavam pela qualidade e apuro técnico. Em 1982, Hélio Costa Manso pediu a Mário Carezzato que gravasse "Piano", música instrumental do argentino Bebu Silvetti, para a trilha da novela *Jogo da vida*, da TV Globo. Com o pseudônimo de Bruno Carezza, Mário tocou em três pianos de cauda diferentes. O resultado foi tão bom que a RGE, gravadora que fora incorporada pela Som Livre, colocou a música na abertura do LP *Piano songs*, com músicas românticas executadas por pianistas pop famosos, como Liberace e Pedrinho Mattar.

Lançar um disco de covers era um excelente negócio: os músicos de estúdio recebiam cachês fixos, sem direitos autorais, e o custo de produção do álbum era baixíssimo. Quando a Polydor lançou o LP com a trilha sonora do filme *Grease – Nos tempos da brilhantina* (1978), pelo menos três discos de covers chegaram às lojas brasileiras ao mesmo tempo. Um deles, lançado pela RGE, não trazia nenhuma informação sobre os músicos, a não ser um nome claramente inventado: *The Fantastic Soundtrack Band*. Outro LP, do obscuro selo Aladdin, ligado à gravadora K-Tel, tinha um desenho tosco na capa, imitando John Travolta e Olivia Newton-John, e trazia versões produzidas pela gravadora alemã Countdown, especializada em covers. "Existiam muitas empresas na Europa e nos Estados Unidos, como a Countdown, a Odissey e a PPX, que só vendiam covers", conta Hélio Costa Manso. "Você comprava um cover por duzentos dólares. Elas vendiam as músicas com vocal ou sem vocal, caso você quisesse gravar os vocais em português e incluir na música. Era fantástico."

Muitos grupos da época da Jovem Guarda se especializaram em covers. Integrantes dos Fevers e do Renato & Seus Blue Caps fundaram o Big Seven, banda instrumental que lançou a série de LPS *Os sucessos num super embalo*. Já Os Super Quentes, formado por membros dos Golden Boys, dos Fevers, do Trio Esperança e do Renato & Seus Blue Caps, lançou dez discos de versões em uma série chamada *Os Super Quentes e os sucessos*.

As gravadoras brasileiras não lançavam só covers em inglês, mas também em português. A partir do fim da década de 1960, houve uma enxurrada de lançamentos com versões de músicas brasileiras de sucesso, em que músicos de estúdio imitavam artistas famosos. Esses discos tinham títulos genéricos, como *O melhor de 1979* ou *Sertanejo bom demais*, e traziam na capa os nomes das músicas e dos artistas que as tinham gravado originalmente, sem dizer que eram versões. O público também não percebia que se tratava de covers. Dono de um talento sobrenatural para imitar vozes, Raul Carezzato gravou sucessos de Paulinho da Viola, Benito Di Paula, Wilson Simonal, Jair Rodrigues, Ronnie Von e até Johnny Rivers; Dudu França imitou Sidney Magal; e o sertanejo Fabiano se especializou em copiar duplas como Tonico e Tinoco e Milionário e José Rico. O caso mais curioso é o de Wando, que gravou um cover de si mesmo: "Ele precisava de uma grana e topou gravar suas próprias músicas para um disco de versões", revela Antonio Paladino, produtor que trabalhou na RGE e Som Livre.

No fim dos anos 1970, auge do mercado de versões no Brasil, a indústria do disco virou um ringue de *telecatch*, onde vencia quem era mais esperto. E ninguém era mais esperto que Carlos Imperial. Alguns anos antes, ele descobrira o lucrativo e inexplorado filão das músicas de domínio público e passou a registrar várias em seu nome. Na biografia *Dez! Nota dez!: eu sou Carlos Imperial*, o autor, Denilson Monteiro, conta que até a mãe de Imperial se indignou quando ele registrou "Meu limão, meu limoeiro": "Carlos Eduardo, como você tem a coragem de dizer que essa música é tua? Meu filho, eu cansei de te embalar cantando ela quando você era recém-nascido!". Imperial respondia: "Comigo é assim: mulher e música, se não tiver dono, eu vou lá e apanho".

Dudu França revela que, certa vez, foi gravar uma música de Imperial chamada "Eu te amo tanto" e percebeu que era igualzinha a "Proposta", de Roberto Carlos. A canção era tão parecida que os músicos ironizaram: "Dudu, essa música chama 'Proposta' ou 'Contraproposta'?". Indignado, o cantor ligou para Imperial e disse que não iria cantá-la. "Eu falei: 'Imperial, não vou gravar essa merda, é uma humilhação!'. Daí ele começou a gritar comigo: 'Seu babaca, você não apita porra nenhuma. Quem manda aqui sou eu!'. Mas eu não ia assumir um plágio, e só cantei a música depois que ele concordou em trocar a melodia. O Imperial era foda, ele mudava uma palavra de uma música minha e já entrava como compositor da faixa." Hélio Costa Manso, que cansou de se apresentar como Steve Maclean no programa de TV de Imperial, considera o amigo "um gênio do trambique": "Tem uma música dele, 'Pra nunca mais chorar', que foi um dos maiores sucessos da Vanusa e é chupada de 'Monday, Monday', do The Mamas & The Papas".

Um dos grandes trunfos do mercado, a partir da segunda metade da década de 1970, foram os discos com medleys de faixas dançantes, também conhecidos como "som contínuo". Com a popularidade da discoteca e a onda de bailinhos caseiros que tomou conta do país – quem era menor de idade ou não tinha grana para ir às badaladas Aquarius ou Papagaio fazia a festa em casa –, as gravadoras investiram com força no filão e ganharam muito dinheiro. Eram discos com faixas mixadas, sem intervalo, ideais para a pista de dança. Um dos primeiros LPs do gênero lançado no país foi *New York City Disco*, gravado pelo DJ Ricardo Lamounier, em 1976, que trazia faixas de sucesso de Diana Ross, KC & the Sunshine Band e Napoleon Jones (um dos muitos pseudônimos de um músico *disco* francês chamado – acredite – Jacques Pépino). A K-Tel inundou as lojas do Brasil com LPs como *Disco dance – Som contínuo*, *Hit machine* e *Dynamite*, e Mister Sam lançou cerca de trinta bolachas com medleys de discoteca (*O melhor de Mister Sam*, *Mister Sam dance-funk*, *Mister Sam em Paris*).

Porém, a onda dos medleys não se restringiu à discoteca: outros ritmos dançantes, como samba e forró, também ganharam discos com pot-pourris de sucessos. Os Carbonos gravaram as séries *Samba bom nunca morre* e *Forró bom demais* (este, com o pseudônimo de Grupo Chamego). O disco de samba reunia 47 sucessos de Paulinho da Viola, Adoniran Barbosa, Martinho da Vila e Benito Di Paula. Um dos volumes de *Forró bom demais* trazia 51 clássicos do gênero, como "Asa branca", "Fricote", "Homem com H" e "Eu só quero um xodó". É difícil imaginar um bando de descendentes de italianos se fazendo passar por Martinho da Vila ou por Luiz Gonzaga em um disco, mas os Carbonos conseguiram tal proeza.

Dos integrantes originais dos Carbonos, apenas Mário, Raul e Beto Carezzato continuavam a se dedicar à música em 2014. Antônio Carlos de Abreu largou a bateria e foi trabalhar com o irmão, Sílvio de Abreu. O baixista e guitarrista Igor Edmundo morreu atropelado, e o guitarrista Ricardão faleceu após sofrer um AVC dentro do ônibus que levava a banda de Amado Batista.

Entre os milhares de discos que gravaram, um deles ainda hoje deixa Os Carbonos cheios de orgulho: *Country music*, um LP com sete medleys, reunindo 51 canções de folk e country de artistas como Bob Dylan ("Blowin' in the Wind"), Creedence Clearwater Revival ("Lookin' out My Back Door"), Jimmy Webb ("Wichita Lineman") e Bobbie Gentry ("Ode to Bilie Joe"). O grupo gravou o LP com nome The Midnight Ramblers, e o disco é um verdadeiro "quem é quem" da cena brasileira de covers. Ele reúne a nata dos músicos de estúdio da época: além dos Carbonos, Luiz Carlos Maluly, do grupo Lee Jackson, nas guitarras e gaita; Reinaldo Brito no banjo; e Chrystian (da dupla Chrystian e Ralf) nos vocais, junto com Vivian e Maria Amélia (Harmony Cats) e Hélio Costa Manso. Um timaço.

Se em São Paulo os Carbonos eram os mais requisitados para gravações, no Rio de Janeiro havia uma banda que parecia estar em todos os estúdios e bailes da cidade: Os Famks. Nos anos 1970, o conjunto tocava em clubes como Ideal de Olinda, Pavunense, Mesquita, Centro Cívico Leopoldinense, Tijuca Tênis e Grajaú Tênis. Em 1980, Os Famks resolveram parar de tocar apenas música feita por outros e começaram um trabalho mais autoral. Decidiram também mudar de nome. Viraram o grupo Roupa Nova.

O Roupa Nova tem, até hoje, a mesma formação: Paulinho (voz e percussão), Feghali (teclados, guitarra e vocal), Cleberson (teclados e vocal), Kiko (violão, guitarra e vocal), Nando (baixo e vocal) e Serginho (bateria e vocal), todos excelentes músicos e muito requisitados para sessões de estúdio. Gravaram com Roberto Carlos ("Côncavo e convexo"), Gal Costa ("Chuva de prata"), Rita Lee ("Flagra") e também com Erasmo Carlos, José Augusto, Joanna, Simone e Fafá de Belém.

Antes de se tornarem Roupa Nova, Os Famks lançaram onze discos de covers com o pseudônimo Os Motokas. Cada disco trazia na capa uma gata de biquíni montada em uma motocicleta (recomendo o volume 9, com Myrian Rios) e trinta músicas, divididas em dez medleys com três músicas cada. Certa faixa podia começar com "Lady Laura", de Roberto Carlos, e terminar com "A veces tu, a veces yo", de Julio Iglesias, ou misturar "Como vovó já dizia", de Raul Seixas, com "Kung Fu Fighting", o clássico da discoteca gravado por Carl Douglas. "No mesmo disco, eu tinha de imitar o Julio Iglesias, o Benito Di Paula e o Genival Lacerda", conta o cantor Paulinho. Para os vocais femininos, Os Famks tinham a ajuda de cantoras como Claudia Telles, Lílian (da dupla Leno e Lílian) e Jane Duboc.

No começo da década de 1980, depois de mudar de nome, o grupo passou a trabalhar para a TV Globo, em temas de programas como *Jornal Nacional* e *Chico City*. Gravaram também a antológica abertura do *Cassino do Chacrinha* ("Abelardo Barbosa/ Está com tudo e não está prosa") e o "Tema da vitória", canção instrumental composta pelo maestro Eduardo Souto Neto que acabou associada ao piloto Ayrton Senna.

Os Carbonos e Os Famks permanecem como heróis anônimos do pop brasileiro, sem créditos em discos nem menções em enciclopédias. Como ocorreu com muitos músicos de estúdio e compositores de aluguel, sempre atuaram nos bastidores, longe do olhar do público. E os fãs raramente descobriram os mistérios escondidos detrás de muitas músicas. Ao menos no Brasil.

Um caso raro – talvez único – em que as maquinações sigilosas da indústria musical vieram a público foi o escândalo envolvendo o grupo pop Milli Vanilli.

Criado em 1988 pelo produtor alemão Frank Farian, o Milli Vanilli era um duo de dance music formado por dois modelos, o francês Fab Morvan e o alemão Rob Pilatus. O primeiro disco do grupo, *Girl You Know It's True*, foi um grande sucesso no mundo todo e ganhou um prêmio Grammy de artista revelação.

O triunfo virou vergonha ao ser revelado o que muita gente já desconfiava: Fab e Rob não haviam cantado no disco. A farsa começou a vir abaixo durante um show transmitido pela MTV, quando um problema no CD com os vocais fez a música pular, enquanto Fab e Rob continuavam a dançar e a cantar como se nada estivesse acontecendo. Para piorar a situação, Rob, em um aparente ataque de demência, afirmou em entrevistas que era mais talentoso que Paul McCartney e Bob Dylan. Humilhados pela revelação de que não passavam de impostores, os dois modelos tiveram de devolver o Grammy. Rob morreu em 1998, de overdose de drogas e álcool, depois de passar alguns meses na cadeia por roubo. Fab continuou cantando e lançando discos, mas sem o sucesso que obteve na época do Milli Vanilli.

Embora seja segredo de alguns poucos, o Brasil também teve seu Milli Vanilli: os primeiros discos do Los Maneros, um trio pop formado em São Paulo nos anos 1980 e que fez muito sucesso em programas de TV, como os do Bolinha e de Raul Gil, foram quase todos gravados pelos Carbonos. E uma pessoa que esteve presente em sessões de gravação dos discos dos grupos Blitz e Sempre Livre garante que boa parte deles foi gravada pelo Roupa Nova.

1981
Também quero viajar nesse balão

As FMS descobrem os jovens

Quando a atriz Christiane Torloni anunciou a música vencedora do Festival MPB Shell 1981 – "Purpurina", interpretada por Lucinha Lins –, o Maracanãzinho veio abaixo. Mais de 25 mil pessoas iniciaram uma vaia monumental, que se prolongou por quase dez minutos. Os milhões de telespectadores que assistiam ao festival pela TV Globo viram Lucinha Lins, bastante abalada, tentar cantar a música vencedora, mas tendo a voz soterrada pelos gritos da plateia. O público havia escolhido sua canção favorita – "Planeta água", com Guilherme Arantes, e não perdoou o resultado.

Composta pelo gaúcho Jerônimo Jardim, "Purpurina" era uma música lenta e romântica, com um bonito arranjo de piano. Nas eliminatórias, chegou a ser aplaudida pelos jurados. Lucinha interpretava em um tom intimista, quase sussurrado. Já "Planeta água" era diferente: um baladão alegre, de tema ecológico e refrão bombástico, que Guilherme Arantes cantava com empolgação. Em seu piano, ele abria a canção de forma contida, mas avançava com um crescendo, até explodir no refrão, feito para ser entoado por uma grande plateia.

A disputa entre "Purpurina" e "Planeta água" simbolizou um racha que chegava ao auge exatamente naquele início dos anos 1980: a briga entre a "velha" MPB de origem bossa-novista e o "novo" pop brasileiro. Lucinha Lins e Guilherme Arantes encarnavam os estereótipos de cada estilo: ela, uma linda, fria e elegante crooner, apresentando uma canção sofisticada e apolínea; ele, um jovem rebelde de cabelos desgrenhados e pinta de galã teen, enchendo o peito para cantar uma música de letra simples e forte apelo pop. Essa "briga" não se limitava às arquibancadas do Maracanãzinho, mas chegava também às ondas do rádio, onde o velho domínio das estações AM estava sendo destruído por uma revolução jovem: as FMS.

A popularização das rádios FM, no fim dos anos 1970, mudou a indústria da música no Brasil. Até então, as AMs dominavam, com suas programações pré-gravadas e poucas intervenções de locutores. Quando as FMs surgiram com força – um marco foi a estreia da Rádio Cidade, no Rio, em 1977 – tudo mudou: o estilo de locução passou a ser mais solto e descontraído, e a programação privilegiava a música jovem. As FMs tocavam, basicamente, pop-rock: Guilherme Arantes, Pepeu Gomes, Rita Lee, Fagner, Queen, Michael Jackson, Kim Carnes, A Cor do Som. Segundo a revista *Veja* (edição de 27/7/1984), nas grandes cidades brasileiras, mais de 70% do público entre 15 e 29 anos ouvia FM. Esse número caía para 22% entre ouvintes mais velhos, na faixa de 40 a 65 anos. FM era coisa de "moçada".

A primeira emissora em FM no Brasil foi a Rádio Imprensa, no Rio de Janeiro. Em meados dos anos 1950, a Imprensa transmitia programação musical exclusivamente para consultórios e lojas. Até 1974, havia cerca de quinze emissoras FM em operação no país. No fim da década de 1970, elas já chegavam a quatrocentas. Como as FMS transmitiam em estéreo, com qualidade de som superior à das outras frequências, obtiveram sucesso imediato. Os fabricantes de aparelhos de som passaram a colocar no mercado cada vez mais equipamentos com receptores de FM. No início dos anos 1980, quase 80% da frota brasileira de automóveis já estava equipada com rádios FM.

As emissoras FM, como a Cidade, no Rio, e a Bandeirantes e a Jovem Pan 2, em São Paulo, inovaram na linguagem radiofônica, com locutores que falavam gírias e uma programação focada em música jovem e comercial. Guilherme Arantes foi um dos maiores beneficiados, como ele mesmo recorda: "Quando a Rádio Cidade dominou a cena, lançou muita gente: eu, A Cor do Som, Geraldo Azevedo, Simone, todo mundo tocava bem na FM. Tinha também a linha nordestina do Fagner, que tocava muito. O pop brasileiro era muito bem-feito naquela época".

Enquanto as FMs abraçavam o novo pop brasileiro, as AMs continuavam tocando MPB, música romântica, brega, samba e sertanejo. Criou-se uma barreira invisível que dividia os dois "Brasis": o jovem e o velho. Guilherme Arantes conta que alguns artistas mais antigos tiveram dificuldade em migrar para as FMs, como Chico Buarque e Roberto Carlos, que demoraram a se adaptar ao tipo de som exigido pelas novas rádios. "Já o Gil, ele fez *Realce* em Los Angeles, um disco muito bem-produzido, com uma sonoridade moderna, e foi um dos primeiros caras da AM a migrar para a FM. A Rita Lee também conseguiu", diz Guilherme Arantes. "Essas questões tecnológicas parecem cosméticas, mas a verdade é que a tecnologia acaba sendo mandatória. Ela passa na frente das coisas. Às vezes, a gente analisa os aspectos artísticos e estéticos, mas esquece que, no fundo, o que existe é a migração tecnológica. E, como acontece depois de toda migração, muita gente ficou pra trás."

Em 1987, seis anos depois do embate entre Lucinha Lins e Guilherme Arantes, alguns desses artistas que "ficaram para trás", jogados de escanteio pelas FMs – Silvio Brito, Ronnie Von, Alcione, Jair Rodrigues, Vanusa, Luiz Ayrão e Chitãozinho e Xororó –, se reuniram em um especial na TV Bandeirantes em homenagem ao cantor Antonio Marcos. Um dos cantores mais populares do Brasil na década de 1970, com sucessos como "Homem de Nazaré" e "Como vai você", Antonio Marcos passava por um momento difícil, devido a problemas com drogas e álcool.

Um dos convidados do programa era Moacyr Franco, que aproveitou a ocasião para lançar uma música chamada "AM". Diante de um auditório lotado, Moacyr fez um discurso apaixonado contra as rádios FM, intercalado por lágrimas: "Algumas canções fizeram sucesso porque vocês as ouviram, porque a rádio permitia que vocês as escutassem [...]. Hoje, a rádio, especialmente a FM, se especializou em um tipo de música e afastou completamente gente como Ângela Maria, Miltinho, Pery Ribeiro, Sílvio César, Maria Creuza, Luis Vieira, Nelson Ned, Agnaldo Rayol e Agnaldo Timóteo". A canção "AM" era um lamento, uma evocação quase religiosa dos tempos passados: "Pai, o teu silêncio me apavora/ Pai, eu quero uma resposta agora/ Pai, quem é que mata esse gigante?". No fim do show, Antonio Marcos, visivelmente debilitado, subiu ao palco para cantar com os amigos. Ele morreria cinco anos depois, de insuficiência hepática.

No início da década de 1980, a indústria do disco vivia uma crise mundial, causada pela forte recessão e pela nova crise do petróleo mas também pela queda vertiginosa nas vendas do gênero discoteca, que nos últimos tempos fora um alento comercial para as gravadoras. No Reino Unido, o consumo de discos despencou mais de 25% entre 1977 e 1980; nos Estados Unidos, caiu 10%. No Brasil, as vendas diminuíram quase 20% entre 1978 e 1979. Foi um período de intensa reformulação nas estratégias das gravadoras. As empresas começaram a perceber que era mais rentável ter *casts* menores e artistas maiores. Em vez de apostar em nomes desconhecidos e desenvolver suas carreiras ao longo do tempo, a nova ordem era contratar os astros mais populares a peso de ouro e tornar cada um de seus discos um "acontecimento".

Artistas que vendiam pouco começaram a ser demitidos em massa: quem não atingia determinada meta de vendas era cortado do *cast*. Ao mesmo tempo, as gravadoras passaram a depender cada vez mais de campanhas de marketing e da exposição das músicas em rádios e vídeos promocionais (a MTV estreou nos Estados Unidos em agosto de 1981). Foi o início da época dos superastros da música, chamada por alguns de "era Michael Jackson": contratos milionários, campanhas maciças de marketing, turnês gigantescas e videoclipes com orçamento de filmes de longa-metragem. Foi a partir de então que Madonna, Whitney Houston, Elton John, Julio Iglesias, Sting, Prince, Bruce Springsteen, Bon Jovi e Mariah Carey viraram deuses do pop.

No Brasil, essa mudança de rumos da indústria culminou com a chegada de alguns executivos estrangeiros que as grandes gravadoras enviaram para vigiar de perto as empresas. A Philips/Polygram mandou o holandês Cor Van Dijk, enquanto a CBS chamou o espanhol Tomás Muñoz para ser o novo presidente da empresa no país. Van Dijk logo entrou em rota de colisão com Roberto Menescal, diretor artístico do selo: "O Cor era um sujeito legal, eu gostava dele, mas o cara não sabia nada de música. Ele só falava em cortar custos e otimizar os negócios. Tudo tinha de dar lucro o mais rápido possível". Menescal foi obrigado a reduzir drasticamente o *cast* da gravadora. Nos anos 1970, a Philips chegou a ter oitenta artistas contratados. Em 1981, esse número caiu para vinte. Os executivos se metiam em todas as decisões do departamento artístico. "Eles me questionavam sobre tudo: 'Por que esse Lincoln Olivetti aparece em todos os discos?'. Eu dizia que o Lincoln era bom e merecia estar em tantos discos. Os artistas que não vendiam eram colocados na geladeira. Cansei de ouvir executivos me dizerem: 'Se puder, acaba com este contrato, diz para o artista que não vai poder fazer disco este ano'." Marcos Maynard, então diretor da CBS, tem outra visão sobre o período: "Artista ficou na geladeira porque quis. Não existe essa coisa de gravadora impor nada. Artista só fala o que é bom pra ele. Os executivos são um filtro do mercado, não mandamos no mercado. Quem reclama é quem não faz sucesso".

André Midani, então chefe da Warner, viu na chegada de executivos gringos como Tomás Muñoz – que conheceu no México e era seu amigo pessoal – uma guinada no mercado.

Segundo Midani, Tomás Muñoz trouxe ao Brasil políticas de marketing extremamente objetivas e poderosas, que "revolucionaram, em certo sentido, o mercado": "Nós vivíamos com aquele espírito mais artístico, enquanto o Tomás era mais objetivo. Ele dava prioridade à música. Mas teve um discípulo, o Manolo [Camero], que foi demoníaco: montou uma fábrica de sucessos na RCA. Quando isso aconteceu aqui, no Brasil, vi que era um reflexo do que havia lá fora".

Roberto Menescal sentiu a mudança no ar quando foi a uma festa no Canecão, promovida pela CBS para celebrar seus 25 anos no Brasil e entregar um troféu ao seu artista mais popular, Roberto Carlos. Durante a cerimônia, Tomás Muñoz subiu ao palco e fez um discurso que irritou e preocupou Menescal: "Ele disse que a CBS rapidamente seria a melhor gravadora do mercado, que ela iria dominar tudo. Foi uma coisa de vaidade mesmo. Então, começou a fase do 'custe o que custar', de querer ser líder do mercado de qualquer maneira. O Muñoz chegou aqui como um dos grandes heróis da indústria, com uma política voltada para a compra de artistas. Ele dizia que preferia comprar um artista a fabricá-lo".

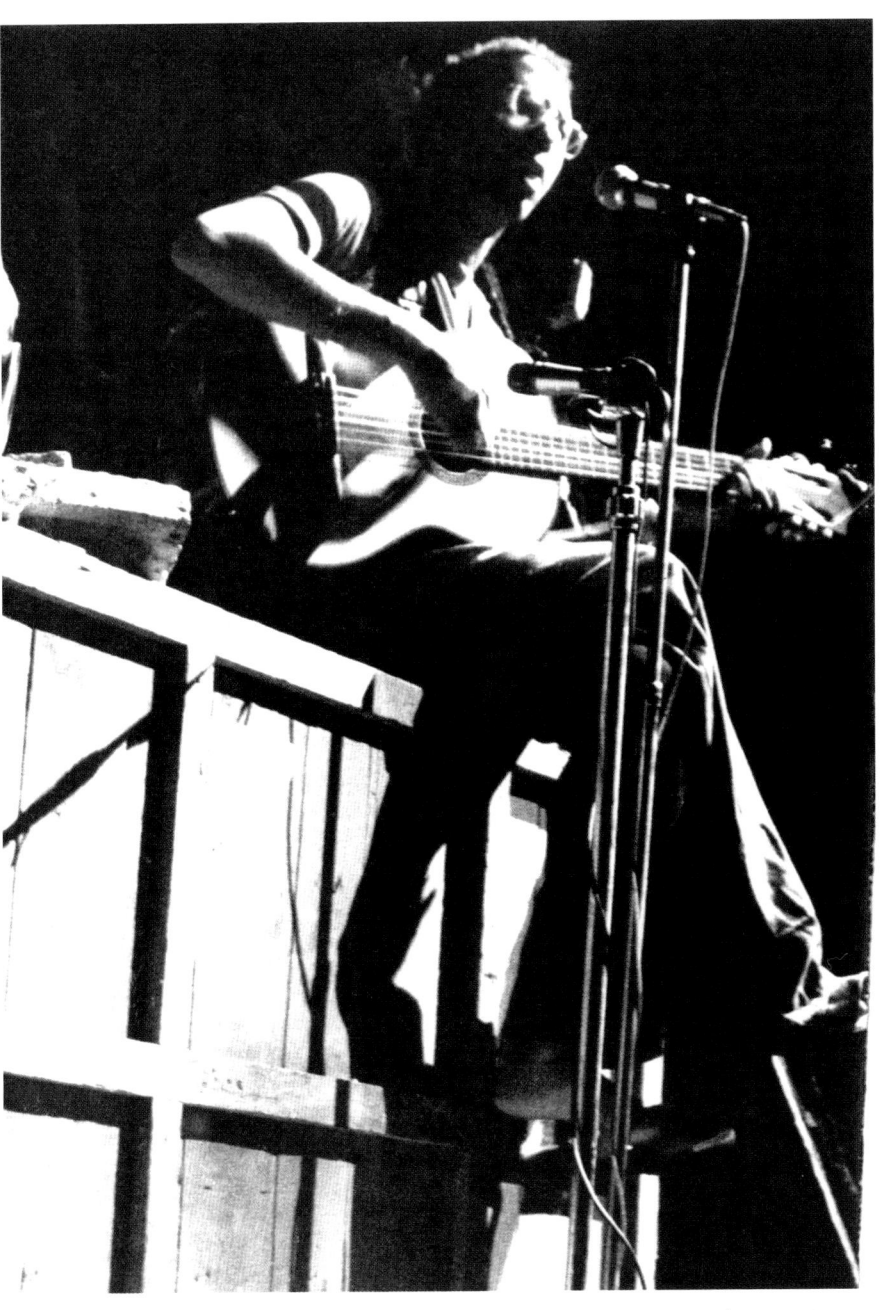

Herói da vanguarda musical brasileira, Jards Macalé (na foto, em 1976) se viu cada vez mais isolado após as mudanças que atingiram o mercado de discos, a partir de meados dos anos 1970.

Secos & Molhados, do grupo homônimo, foi o LP mais vendido de 1974 e uma revolução no pop brasileiro. Na capa do disco (em sentido horário, da esquerda para a direita), Ney Matogrosso, Gerson Conrad, Marcelo Frias e João Ricardo. Acima (da esquerda para a direita), João Ricardo, Marcelo Frias, Ney Matogrosso e Willy Verdaguer, em 1973.

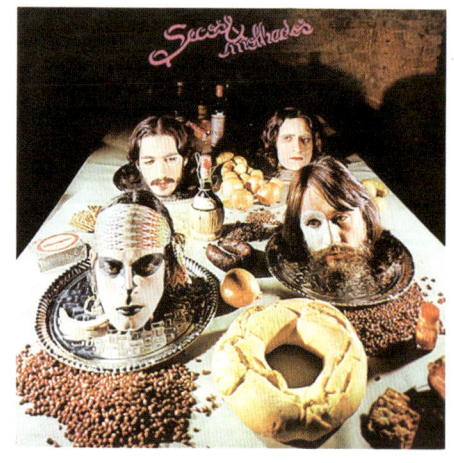

Rebelde do pop-rock brasileiro, Raul Seixas gravou em 1974, com o parceiro Paulo Coelho, o LP *Gita*, disco de adoração ao bruxo e místico britânico Aleister Crowley.

No alto, o cantor "americano" Steve Maclean, nome artístico do brasileiríssimo Hélio Costa Manso. Acima, a banda Memphis, uma das mais conhecidas do fenômeno dos "falsos gringos", em 1974. Da esquerda para a direita: Wander Taffo, Gel Fernandes, Marco Antônio Fernandes Cardoso (Nescau), Hélio Costa Manso e, de gravata borboleta, Dudu França.

Um dos mais famosos integrantes do "pessoal do Ceará", Fagner misturava em seus discos influências do pop estrangeiro, como Beatles e Bob Dylan, e da música nordestina.

O "Maluco Beleza" encontra uma frenética: Raulzito e Leiloca deliram no camarim de um show, em foto de Vania Toledo.

Acima, as Frenéticas, ícones da *disco music* brasileira, em 1977, mesmo ano em que lançaram seu primeiro LP; abaixo, pista da discoteca Papagaio no final dos anos 1970.

O músico Hélio Costa Manso transformou cantoras de estúdio nas Harmony Cats, um dos fenômenos da discoteca brasileira. Composto no final dos anos 1970 por cinco intérpretes, o grupo se transformou na década de 1980 em um trio, formado por Sylvia Cremona Marinho, Maria Amélia Costa Manso (irmã de Hélio) e Vivian Costa Manso (mulher do músico).

Setembro de 1978: o empresário Henri Karam e a promoter Baby Garroux na inauguração, em São Paulo, da Aquarius, na época a mais luxuosa discoteca do Brasil. Sua construção custou seis vezes mais que a do mítico Studio 54, em Nova York.

Capa do primeiro disco de Sidney Magal, cantor que o produtor argentino Roberto Livi transformou no "galã cigano". Abaixo, outro ídolo popular, Odair José, cujas canções exploraram temas polêmicos, como pílula, prostituição e preconceito de classe.

O argentino Santiago Malnati, o Mister Sam, e sua maior descoberta, a cantora Gretchen. Abaixo, Sam anima um baile no início dos anos 1980.

Depois de deixar Os Mutantes, Rita Lee se reinventou como a principal cantora pop do Brasil nos anos 1970 e 1980; nenhuma brasileira vendeu tantos discos quanto ela.

Os compositores e cantores Paulo Massadas e Michael Sullivan – amados pelo público e odiados pelos críticos. Abaixo, Arnaldo Brandão (o segundo, da esquerda para a direita) e a banda pop Brylho, que estourou com a faixa "Noite do prazer".

Acima, Os Carbonos, uma das principais bandas de estúdio do pop nacional (da esquerda para a direita: Mario Carezzato, Raul Carezzato, Igor Edmundo, Beto Carezzato e Ricardo Fernandes de Morais). À direita, os irmãos Mario, Beto e Raul Carezzato.

Guilherme Arantes largou o curso de arquitetura para se tornar um popstar. "Eu sempre quis tocar no Chacrinha", disse ele.

Em 1983, o inglês Ritchie tornou-se campeão de vendas com "Menina veneno". Abaixo, capa do LP da trilha sonora internacional da novela *Água viva* (1980), lançado pela Som Livre, e da versão "cover", gravada pelos Carbonos para a Continental.

Ney Matogrosso durante show em 1976. Mesmo depois de sair dos Secos & Molhados, ele continuou a surpreender com seu repertório ousado e as performances sensuais.

A CBS logo tirou Simone e Djavan da EMI, e Pepeu Gomes e Baby Consuelo da Warner. Pouco depois, Menescal perdeu uma de suas grandes estrelas na Philips/Polygram, Gal Costa, que recebeu um caminhão de dinheiro da RCA para trocar de gravadora. Chico Buarque e Maria Bethânia não demorariam a tomar o mesmo caminho de Gal. Manolo Camero, presidente da RCA, deu entrevistas dizendo que sua estratégia era "fazer o que o povo queria". Isso deixou executivos mais ligados aos artistas, como Menescal, de cabelo em pé: "Nossa política sempre havia sido a de tentar puxar um degrau de cada vez, fazendo discos de qualidade, mas então a política passou a ser outra: a de lançar a música mais comercial possível".

As brigas de Menescal com Van Dijk custaram à Polygram o passe de uma artista que se revelaria a sexta maior vendedora de discos da história brasileira, atrás apenas de Roberto Carlos, Tonico e Tinoco, Nelson Gonçalves, Rita Lee e Nelson Ned: Xuxa.

Na época, Xuxa tinha vinte anos e apresentava o programa *Clube da Criança*, que estreara em 1983 na Rede Manchete, mas era famosa de fato por seu namoro com Pelé. Menescal farejou sucesso na jovem, que já havia cantado três músicas no LP *Clube da Criança*, e a convidou para gravar um disco na Polygram. Van Dijk reclamou: ele tinha acabado de proibir novas contratações. Menescal tentou argumentar, dizendo que Xuxa estava prestes a explodir, mas o executivo não se convenceu. Eles discutiram, e o holandês disse que não ia dar um centavo para o disco. Irritado, Menescal pegou gravações do arquivo da Polygram, incluindo sucessos de Caetano Veloso ("Leãozinho"), Marina ("O gato"), Chico Buarque ("O caderno") e Zizi Possi ("Irmão sol, irmã lua"), e fez Xuxa cantar parte das letras, como se estivesse em dueto com os artistas. Assim, ele conseguiu produzir um disco inteiro sem gastar um tostão. O LP se chamou *Xuxa e seus amigos* e vendeu meio milhão de cópias. Quando o departamento comercial da Philips/Polygram perguntou a Menescal como seria o próximo disco de Xuxa, ele respondeu: "Não vai ter, eu acabei de dar rescisão pra ela". Xuxa foi para a Som Livre, onde venderia 30 milhões de discos.

A política de sucesso a qualquer preço imposta pelas gravadoras encontrou uma forte aliada nas rádios e incentivou uma prática que já existia havia muito tempo: o jabá. Foi exatamente na virada da década de 1970 para a de 1980 que o jabá – o pagamento a DJs, programadores ou donos de rádios pela execução de músicas – se "profissionalizou" no Brasil. Mas não foi aqui que se criou essa forma de remuneração. Nos Estados Unidos, desde os anos 1920, donos de editoras musicais pagavam a líderes de conjuntos e orquestras para que tocassem determinadas músicas e incentivassem a venda de partituras musicais. Na época, a venda de partituras era um negócio mais rentável que a de discos. Quando o rádio se popularizou, nos anos 1930 e 1940, gravadoras começaram a pagar às estações para que tocassem as suas músicas. Porém, foi só no fim da década de 1950, com a explosão do rock'n'roll e do mercado de discos, que o jabá – ou *payola*, como dizem os americanos – dominou os negócios das gravadoras com as rádios. A coisa ficou tão feia que, em 1959, o governo americano anunciou investigações sobre a "indústria do jabá".

Entre as pessoas investigadas estava o disc jockey Alan Freed, um dos grandes responsáveis pela popularização do rock. Apesar de a expressão rock'n'roll ser utilizada em canções desde a década de 1920, Freed foi o primeiro a adotá-la para identificar o novo estilo musical jovem, agressivo e festeiro que surgia (um de seus programas de rádio foi batizado de *Alan Freed's Rock and Roll Show*).

Freed era um disc jockey de estilo descontraído que adorava gírias e logo se tornou um sucesso junto ao público jovem. Em 1960, foi acusado de receber dinheiro para tocar determinados discos. Acabou preso e impedido de trabalhar por algum tempo. Sua carreira entrou em declínio. Deprimido, Freed, que já tinha sérios problemas com álcool, bebeu até morrer, em 1965, de cirrose hepática. Dick Clark, outro famoso personagem do rádio e da TV, também foi acusado de se beneficiar de *payola*. Clark apresentava o programa de TV *American Bandstand*, ao mesmo tempo que era sócio de 33 gravadoras e tinha parcerias em mais de 150 canções, que ele tocava sem parar no seu programa. Ele vendeu sua participação nas gravadoras e conseguiu se livrar da cadeia e continuar apresentando *American Bandstand*, que ficou no ar até 1989.

Apesar do aperto do governo americano, o problema do jabá só piorou. E chegou ao limite no fim dos anos 1970, quando surgiu nos Estados Unidos um grupo chamado The Network [A Rede], formado por uma dúzia de "promotores independentes" que controlavam as maiores rádios do país. Cada um dos integrantes tinha entre sessenta e setenta emissoras no bolso. Um dos principais nomes da Rede era um sujeito truculento chamado Fred DiSipio, que decidia a programação de quase cem rádios na costa leste dos Estados Unidos. A Rede era dominada pela Máfia e servia de intermediária entre gravadoras e rádios. Em vez de pagarem diretamente às emissoras, as gravadoras contratavam os serviços desses promotores, que repassavam parte do dinheiro aos donos das rádios.

O imenso poder da Rede ficou claro depois de um episódio envolvendo a banda inglesa Pink Floyd. No início de 1980, o Pink Floyd havia estourado no mundo todo com o LP *The Wall*. O disco estava em primeiro lugar na parada da revista *Billboard*, e todos os ingressos da turnê americana da banda esgotaram antecipadamente. Os shows eram imensos espetáculos audiovisuais, com um porco inflável de quinze metros e uma parede cenográfica da altura de um prédio de quatro andares. Quando a turnê da banda chegou à Califórnia, para cinco shows na imensa Los Angeles Sports Arena, a CBS, gravadora da banda, achou que não precisaria da ajuda dos "promotores independentes" para tocar as músicas nas rádios. Afinal, o Pink Floyd era o maior grupo do mundo naquele momento, e nenhuma rádio poderia ignorá-lo. Mas as rádios locais o ignoraram. Apesar das reclamações de ouvintes, que não entendiam por que as músicas não estavam sendo executadas, as quatro maiores emissoras de Los Angeles não tocaram uma canção sequer do Pink Floyd durante semanas. Depois que o empresário da banda reclamou, a CBS se rendeu e contratou os serviços do "promotor independente" que controlava a região de Los Angeles. No dia seguinte – um após o último show da turnê – o disco do Pink Floyd começou a tocar sem parar nas rádios locais.

A indústria musical sempre viveu de práticas "heterodoxas": além do jabá, eram comuns histórias de cantores e produtores que compravam músicas de compositores que cediam direitos para gravadoras. No Brasil, na década de 1930, cantores famosos como Francisco Alves e Mário Reis cansaram de comprar músicas de Noel Rosa, Cartola, Ismael Silva e Nilton Bastos. Os acordos variavam: às vezes, os compositores abriam mão de seus direitos; em outras, os cantores entravam como parceiros nas músicas. São famosas as histórias como as de Francisco Alves, que deu um carro a Noel Rosa como pagamento por canções, ou de Mário Reis, que subiu o morro da Mangueira para comprar de Cartola o samba "Que infeliz sorte". Havia até um apelido para os sujeitos que compravam canções: "comprositores".

No Brasil, surgiu o que alguns executivos chamavam, jocosamente, de "jabá artístico": a gravadora, em "agradecimento" ao radialista que tocara determinada música, lhe pagava uma viagem ou mandava algum presente. "O jabá sempre existiu, mas era uma viagenzinha pra Miami pra duas pessoas, no fim de semana, e isso era uma exuberância", diz André Midani. As negociações ficavam mais polpudas quando a conversa envolvia determinados executivos de rádio. Em entrevista à *Folha de S.Paulo* contou: "Tutinha [Antônio Augusto Amaral, dono da rádio Jovem Pan], por exemplo, gostava do disco ou não. Se ele não gostasse do disco não pegava acordo financeiro com a companhia, não havia jeito. Já não se pode chamar isso de jabá, é uma relação comercial como outra [qualquer]. [...] Armava-se quase que uma operação de marketing genuína".

No início dos anos 1980, o jabá explodiu no Brasil. Roberto Menescal viu que a situação estava fora de controle quando as vendas da Philips/Polygram caíram assustadoramente: "Nós éramos primeiro ou segundo, e de repente estávamos lá embaixo". Menescal chegou a sugerir aos executivos da empresa que o demitissem e contratassem um "comprador de serviços": "Por que não me trocam? Sai mais barato pra vocês comprarem as músicas nas rádios do que ter um produtor artístico".

O jabá não rolava apenas nas rádios, mas também nas TVs. Quando não cobravam diretamente das gravadoras, alguns apresentadores costumavam exigir que os artistas tocassem de graça. "Fiz muito show de graça para o Chacrinha e o Bolinha", conta Ovelha, cantor descoberto pelo Velho Guerreiro em Recife (o apelido "Ovelha" foi dado pelo próprio Chacrinha, impressionado com as longas madeixas oxigenadas do cantor, cujo nome é Ademir Rodrigues). Em 1983, Ovelha gravaria o terceiro compacto mais vendido do país, *Te amo, que mais posso dizer*. "Era uma coisa normal: a gente se apresentava de graça fazendo playback e depois eles nos colocavam na TV, o que ajudava na venda de nossos discos. Era bom pra todo mundo."

O jabá, ou jabaculê, era visto como uma coisa normal, parte do jogo. Porém, de vez em quando, o olho grande de alguém provocava atritos. Quando André Midani soube quanto Chacrinha estava exigindo para apresentar Baby Consuelo e Pepeu Gomes em seu programa, resolveu ir à imprensa e protestar. O resultado foi desastroso. "Eu disse para o André: pelo amor de Deus, não faça isso, vai acabar com a gente", lembra Mazzola, que trabalhava com Midani na Warner. "Dito e feito: quando cheguei à empresa, na segunda-feira, o departamento de divulgação inteiro estava me esperando: 'Mazzola, puta que pariu, as rádios cortaram todas as nossas músicas da programação!'. A gravadora levou uns quatro ou cinco anos pra se levantar." Mazzola trocou a Warner pela BMG-Ariola, mas seus problemas com o jabá não acabaram: "Aí, virou uma coisa totalmente institucionalizada. Quando não era jabá, era droga. Nas reuniões da Ariola, os divulgadores me diziam: 'O cara da rádio quer mulher, quer pó', e eu respondia: então faz um orçamento e me diz quanto você precisa, que eu quero a empresa em primeiro lugar. Já cheguei a pagar até pneu pra radialista. Uma vez, um cara disse que queria duas mulheres. Fiz a seleção na sede da gravadora e vieram várias mulheres para o sujeito escolher".

Menescal lembra uma reunião com Chacrinha, em que falaram sobre um artista que a Polygram queria lançar. "O Chacrinha vira pra mim e diz: 'Tá bom, Menescal, eu ponho o menino no programa, mas eu quero uma TV estéreo!'. Eu falei: porra, Chacrinha, mas não tem transmissão de TV estéreo no

Brasil, pra que você quer uma TV estéreo? Não vai te servir de nada. Mas ele insistiu: 'Não interessa, eu quero uma TV estéreo e pronto!'. Foi um trabalho do cacete arrumar uma televisão estéreo pro Chacrinha."

O filho de Chacrinha, Leleco Barbosa, disse à *Folha de S.Paulo*, em 2003, que o que havia não era "jabá", mas uma "troca de interesses" entre a gravadora e o programa do pai: "A gravadora queria botar [no programa] o artista tal. Se papai gostasse, botava. Mas, como produzia shows com artistas, chacretes e calouros, a 'caravana', fazia uma troca: 'Boto o artista [na TV], mas ele tem que ir ao show [cujos ingressos eram cobrados]. Era uma coisa mais que justa. Se o cara queria se lançar no programa, ia ao show em contrapartida".

Até hoje, não ficou clara a origem da expressão "jabá". Há quem diga que foi criada por um radialista nordestino que, ao receber grana de uma gravadora, teria dito: "Hoje o jabá das crianças tá garantido" [no Nordeste, jabá é como se chama a carne-seca ou charque].

Na virada dos anos 1970 para os 1980, a indústria do disco no Brasil já não lembrava em nada aquele tempo de ingenuidade e amadorismo de dez anos antes. Gravadoras, TVs e rádios se uniram para espremer cada centavo dos consumidores, usando estratégias comerciais agressivas. Em um mercado cada vez mais competitivo, era necessário identificar públicos ainda pouco explorados. E a indústria não demorou a ir atrás de um tipo de consumidor extremamente fiel e numeroso: a criança.

Em 1981, o presidente da CBS, Tomás Muñoz, viu uma menina de cinco anos, Simony Benelli, cantando no programa de TV de

Raul Gil. Ela pareceu ser a estrela que ele buscava para o projeto de um grupo pop formado por crianças. Na Espanha, terra de Muñoz, o duo Enrique y Ana fazia enorme sucesso cantando músicas para a criançada. O executivo sabia que o mercado infantil estava prestes a explodir no mundo todo, e no Brasil não seria diferente.

Além de Simony, a CBS contratou um menino chamado Vimerson Benedicto, de dez anos, que havia se destacado em concursos de calouros na TV. Como Vimerson não era o nome mais apropriado a um pop star, a gravadora rapidamente arranjou-lhe um outro: Tob. O grupo se completou com Mike, de seis anos, filho do inglês Ronald Biggs, o famoso assaltante do trem pagador.

Biggs havia fugido da prisão na Inglaterra e vivia desde 1970 no Rio de Janeiro, onde se tornara uma atração turística, dando autógrafos para visitantes ingleses e participando de festas com bandas de rock como Sex Pistols e Rolling Stones. Em abril de 1981, foi sequestrado por um grupo de mercenários britânicos que queria levá-lo de volta à Inglaterra e exigir uma recompensa do governo do país. Mike apareceu na TV fazendo um apelo emocionado pela libertação do pai. Os executivos da CBS ficaram impressionados com o carisma do menino e o contrataram. Biggs também teve sorte: o navio no qual seus sequestradores o levavam teve problemas técnicos em Barbados, e a turma toda foi presa. Como Barbados não tinha tratado de extradição com a Inglaterra, Biggs retornou ao Brasil.

Com Simony, Tob e Mike, a CBS tinha finalmente o seu supergrupo pop infantil: A Turma do Balão Mágico.

Certo dia, o compositor Edgard Poças recebeu um telefonema de Claudio Condé, diretor da CBS (e ex-membro do grupo Lee Jackson), que lhe disse que a gravadora estava trabalhando sigilosamente no projeto de um grupo infantil e que gostaria que ele ajudasse com repertório e arranjos. "Condé me disse que a CBS queria fazer um disco de teste. Se vendesse o esperado, eles fariam o segundo." O diretor pediu a Poças que selecionasse o repertório e prometeu mandar algumas músicas estrangeiras para ele escrever versões em português. Embora tivesse escrito canções para uma peça infantil em parceria com o pianista Nelson Ayres, Poças não tinha grande experiência com música para crianças e estava mais ligado à Bossa Nova e à MPB. Era amigo de Vinicius de Moraes, com quem havia tomado vários porres, e tinha uma carreira de sucesso compondo jingles publicitários. Ele é pai de Maria do Céu, a cantora conhecida pelo público apenas como Céu.

Poças selecionou 52 músicas para o disco, incluindo composições de Braguinha ("Tem gato na tuba"), Hervé Cordovil ("P.R. você"), Ary Barroso ("Upa, upa!") e Wilson Batista ("Caubói do amor"). Algumas nem eram canções infantis. "Fiz uma seleção bem ampla, tinha coisas do Villa-Lobos, umas coisas bem poéticas. Gravei tudo com voz e violão e mandei a fita pra CBS." Pouco depois, o compositor recebeu um malote da gravadora com músicas estrangeiras – na maioria, espanholas e italianas – para que ele criasse as versões em português. Entre elas estavam "El pato cantor", do palhaço espanhol Emilio Aragon, e "El baile de los pajaritos", que Poças traduziu por "Baile dos passarinhos" ("Passarinho quer dançar/ o rabicho balançar/ porque acaba de nascer/ tchu, tchu, tchu, tchu..."), uma famosa canção dos anos 1950 que, diferentemente do que muitos achavam, não era espanhola, mas havia sido composta por um acordeonista suíço chamado Werner Thomas.

O primeiro LP da Turma do Balão Mágico saiu em 1982. Tinha arranjos e regência de Lincoln Olivetti e um time de instrumentistas extraordinários: além do próprio Lincoln nos teclados, contou com seu parceiro Robson Jorge na guitarra, o baixista da Banda Black Rio, Jamil Joanes, o baterista Picolé, veterano de gravações com Raul Seixas, Rita Lee e Elis Regina, e o guitarrista e violonista Nilo Pinta. Os corais foram gravados por Jane Duboc, Claudia Telles e a dupla Cynara e Cybele, do Quarteto em Cy. Duboc cantou solo em "Baile dos passarinhos". Pouco depois do lançamento, Poças foi chamado à sede da CBS, no Rio, onde Condé lhe deu as boas notícias: o disco estava vendendo bem, e a gravadora resolvera lançar um segundo LP. Mais que isso: A Turma do Balão Mágico tinha virado prioridade na CBS. O novo disco seria ainda mais pop e comercial que o primeiro. Mauro Motta, produtor de Roberto Carlos, ficaria responsável pelo LP; os arranjos seriam de Lincoln Olivetti e do maestro Chiquinho de Moraes, veterano de trabalhos com Roberto Carlos, Elis Regina e Chico Buarque. Poças lembra que a ordem na empresa era fazer um disco mais dançante, para tocar no rádio. A gravadora já tinha até a primeira música: "Juntos", um sucesso pop espanhol, que seria regravado em português com a participação de Baby Consuelo.

Poças percebeu que não teria mais espaço para incluir músicas de seus ídolos Ary Barroso, Braguinha ou Wilson Batista: "A gravadora queria músicas pop, isso ficou bem claro. Toda vez que eu vinha com uma ideia mais MPB, eles diziam: 'Ih, lá vem o Tom Jobim!'". Com exceção de "Mãe-iê", do sambista Osvaldo Nunes, as outras nove faixas do disco eram versões de sucessos infantis do pop espanhol. Uma música que Tomás Muñoz não queria no disco acabou se tornando o maior sucesso do LP: "Superfantástico", composta pelo espanhol Ignacio Ballesteros e imenso sucesso na Espanha com a dupla Enrique y Ana.

Os créditos de "Superfantástico" são motivo de disputa: cada um dos envolvidos tem a sua versão. No livro *Banda de milhões*, de Tom Gomes, o então diretor da CBS Marcos Maynard (e também ex-membro do grupo Lee Jackson), diz que a decisão de gravar a música foi dele, e à revelia do patrão, Tomás Muñoz: "Eu tinha certeza de que essa seria a grande música do segundo disco do Balão Mágico. Escondidos do Tomás, gravamos". Já Edgard Poças conta outra história: diz que ouviu "Superfantástico" e imediatamente reconheceu o potencial da canção: "O Tomás Muñoz não gostava dessa música, mas eu achei boa pra cacete. Lembro que comentei sobre ela com o Mauro Motta, o produtor, e ele disse pra eu esquecer, que o Tomás não queria". A música original era um dueto entre Ana, uma criança, e Enrique, um jovem adulto. Poças teve a ideia de colocar um adulto para cantar com o Balão Mágico. E o primeiro nome em que pensou foi Roberto Carlos, o maior astro da CBS.

A primeira versão em português de "Superfantástico" começava com os versos "Ei, meu amigo Roberto/ que bom estar contigo no nosso balão", mas Poças achou que o "Rei" não toparia, e logo desistiu da ideia. Na mesma noite, ao botar as filhas para dormir, ele viu no quarto das crianças uma boneca negra de tranças longas e teve uma "epifania": "Puta que pariu, o Djavan!". Era perfeito: o cantor acabara de trocar a EMI pela CBS e havia estourado com o disco *Luz*, que trazia hits como "Samurai", "Açaí" e "Sina". Poças mudou a letra para "Ei, Djavan, meu amigo/ que bom estar contigo no nosso balão", mas depois ficou inseguro com a decisão. "E se o Djavan não topasse? Achei que seria mais prudente fazer uma letra mais genérica, que pudesse ser cantada por qualquer um." No fim, a letra ficou assim: "Superfantástico amigo/ que bom estar contigo no nosso balão".

Poças gravou a música no violão e marcou um encontro com Condé, que estava na cidade para ver um show. "Tomamos um porre daqueles. Na hora de ir embora, eu disse ao Condé que queria mostrar uma coisa pra ele. Fui até o carro e coloquei a fita: 'Claudio, vou colocar uma música pra você ouvir. No começo vai ser só o Balão Mágico cantando. Quando eu fizer um sinal, imagine que é o Djavan cantando... Daí, coloquei 'Superfantástico'. Quando chegou na parte do Djavan, o Condé só conseguiu dizer uma coisa: 'Puta que pariu! Puta que pariu! Puta que pariu!'. Eu implorei: 'vamos gravar essa porra!' Dois ou três dias depois, o Condé me ligou e disse que o Djavan queria gravar."

O segundo disco do Balão Mágico chegou às lojas em 1983 e foi uma explosão. Em abril, o grupo estreou um programa na Globo, o que aumentou ainda mais as vendas. No ano seguinte, o Balão ganhou um novo integrante: Jairzinho, de nove anos, filho do cantor Jair Rodrigues. Tomás Muñoz contratou o menino depois de vê-lo na TV, cantando com o pai.

O maior desafio de Edgard Poças, entretanto, viria no terceiro disco do grupo: compor uma música para Roberto Carlos. Impressionado com as vendas estratosféricas do Balão Mágico, Roberto topou cantar na faixa "É tão lindo", versão de "It's Not Easy", tema do filme *Pete's Dragon* (1977), da Disney. Poças, dono de um senso de humor um tanto anárquico, aprontou uma armadilha para o "Rei": "A CBS me mandou uma lista com todas as palavras que o Roberto não gostava de cantar – 'azar', 'marrom', essas coisas – e eu coloquei uma de que ele também não gostava, 'velho', só pra ver no que ia dar. O verso era 'Somos velhos companheiros/ os três mosqueteiros'. Na hora da gravação, Roberto trocou 'velhos' por 'bons'".

Até o fim do grupo, em 1986, A Turma do Balão Mágico lançaria mais dois LPs. Foi o grupo infantil campeão de vendas no país, com cerca de 10 milhões de cópias, e um marco da "fabricação" de pop stars pela indústria. O Balão foi um dos primeiros grupos pop brasileiros criados como um produto, a partir de pesquisas de mercado e de uma intensa participação do departamento de marketing da CBS. Em uma então inédita jogada de promoção, o quarto disco do grupo trazia, em cada cópia, um cheque no valor de 5 mil cruzeiros [cerca de R$ 3,30, em valores atuais], que as crianças poderiam usar para abrir caderneta de poupança na Caixa Econômica Federal.

Todo mundo ganhou muito dinheiro com o Balão Mágico. Menos Edgard Poças, o músico que escreveu quase todas as letras do grupo. "Não gosto nem de falar nisso, porque me dá uma tristeza enorme. Tem música pela qual não recebi e não tenho contrato até hoje. É uma coisa sórdida. Eu me sinto traído por caras que me chamavam de irmãozinho, que batiam nas minhas costas e diziam que tudo ficaria bem." Uma das letras que Edgard Poças faria para o Grupo Dominó, outra invenção da CBS – e de Gugu Liberato –, resumiria sua frustração com o calote do Balão Mágico: "Tô p... da vida!".

1982
O brilho da cidade

Está nevando no Rio de Janeiro

Havia uma piada famosa em festinhas na Zona Sul do Rio naquela época: "Vendo apartamento na Vieira Souto: dois quartos, sala, cozinha, uma vaga na garagem e oito banheiros". Os termômetros marcavam quarenta graus, mas nevava todo dia na Cidade Maravilhosa. A cocaína reinava na terra do sol.

O ano de 1982 começara mal para a música brasileira: na madrugada de 1º de janeiro, Arnaldo Baptista, o genial ex-líder dos Mutantes, quebrou a janela do setor de psiquiatria do Hospital do Servidor Público, em São Paulo, subiu na sacada do prédio e se jogou do terceiro andar. Seu corpo bateu no parapeito do segundo andar antes de chegar ao chão. Foi o que amorteceu a queda e, muito provavelmente, salvou sua vida. Era a quinta internação de Arnaldo em dez anos, desde que começara a tomar LSD e outras drogas. Ele fora internado cinco dias antes do acidente, por iniciativa da mãe, dona Clarisse, assustada com o comportamento agressivo e imprevisível do filho. Arnaldo tinha 33 anos.

Os médicos não acreditavam que ele sobreviveria. Havia sofrido fraturas na base do crânio, quebrado sete costelas e tinha edemas no pulmão. Passou dois meses em coma. Quando acordou, estava trinta quilos mais magro. No livro *A divina comédia dos Mutantes*, Carlos Calado escreveu: "Arnaldo quase pulou da cama, vociferando uma língua estranha, entre o inglês e o alemão. A traqueotomia a que foi submetido atingiu as cordas vocais, alterando bastante o timbre de sua voz. Estava tão faminto que engoliu nacos de bananas e caquis com a voracidade de um selvagem".

Em entrevistas, anos depois, Arnaldo explicaria o episódio como uma tentativa de libertação: "Eu queria saltar para a vida, não para a morte". Mas a verdade é que o fim do ano sempre o deixava mais deprimido. O dia 31 de dezembro, aniversário da ex-mulher, Rita Lee, mexia com ele. Pouco antes do Natal de 1981, Arnaldo, que não via Rita fazia quase quatro anos, a reencontrou quando ela e o marido, Roberto de Carvalho, se mudaram para um sítio na serra da Cantareira, próximo à casa dele.

Outro artista extraordinário que passava por momentos difíceis era Lanny Gordin. Gênio precoce da guitarra, Lanny nasceu em 1951, em Xangai, na China, e chegou ao Brasil com seis anos, depois de morar com a família em Israel. O pai, o russo Alan Gordin, era pianista e abriu uma casa de shows que se tornaria famosa em São Paulo, a Stardust. Aos quinze anos, Lanny já tocava na casa, ao lado de feras como Hermeto Paschoal e Heraldo do Monte. Ele também acompanhou Wanderléa e Eduardo Araújo e emprestou seu talento ao pessoal da Tropicália. Boa parte da psicodelia tropicalista veio das guitarras que ele gravou nos primeiros discos de Gal Costa, Jards Macalé, Gilberto Gil e Caetano Veloso. No LP *Carlos, Erasmo*, de 1971, Lanny misturou pesada distorção à la Jimi Hendrix com sutis tons bossa-novistas. O resultado foi um marco da guitarra brasileira e um dos melhores discos da carreira de Erasmo. "Vi o Lanny nascer como músico [...] lá na Stardust. Ele aprendeu do dia para a noite, assustadoramente", disse Hermeto Paschoal ao crítico Carlos Calado. O pai de Lanny ficava furioso com os improvisos da banda no palco e exigia que os músicos tocassem de modo mais convencional. Segundo Hermeto, a banda esperava que Alan saísse do clube e então "largava o pau e tocava alguma coisa bem moderna".

No documentário *Sabe aquele Lanny?*, de Carolina Calanca, o músico Eduardo Araújo conta que Lanny o salvou de uma vaia certa quando um imprevisto levou que sua banda tocasse depois de uma apresentação dos Mutantes. "O público todo estava lá pra ver Os Mutantes. Eu disse pra banda: estamos ferrados, podem se preparar que a coisa vai ser feia." Lanny pediu que o deixassem entrar sozinho no palco para tocar por dez minutos. Os Mutantes saíram ovacionados. Então Lanny entrou, encarou a plateia e começou a tocar uma música de Jimi Hendrix. "Em poucos minutos, ele estava com a plateia no bolso, as pessoas urravam. Quando o pessoal todo estava de pé, Lanny atacou o riff pesadão de 'Paraíba', e nós entramos. O lugar veio abaixo", contou Araújo.

Pepeu Gomes tinha quase a mesma idade de Lanny, mas o considerava um mestre. "Foi o primeiro guitarrista que me impressionou, ele e o Sérgio Dias. Eu tinha dezesseis, dezessete anos, ouvia Hendrix. O Gilberto Gil me disse: 'Pepeu, ouve esse chinês tocando!'. Fiquei alucinado." Tão alucinado que, em 1969, ele foi morar com Lanny em São Paulo. Acabou ficando ali seis meses, tocando jazz, rock e música brasileira na Stardust. A banda da casa de shows tinha Hermeto Paschoal nos teclados, Paulinho da Costa na percussão, Lanny e Pepeu revezando na guitarra e no baixo. Quando o Juizado de Menores chegava, os dois se escondiam na cozinha. "Eu ficava pensando: o que estou fazendo no meio desses caras? Eu não tinha a menor condição de tocar com eles. Eu não acompanhava, saía correndo atrás deles. Pra mim, o Lanny é o número um, foi ele que descobriu como tocar a guitarra pop misturada com o blues. Tudo o que aprendi de harmonia foi com ele e o João Gilberto", lembra Pepeu.

Ao mesmo tempo que ganhava o respeito de músicos, Lanny começou a ter problemas com drogas – especialmente com LSD – e a exibir sintomas de esquizofrenia. No meio dos anos 1970, sumiu de cena. No filme *Sabe aquele Lanny?*, o próprio músico diz que parou de tocar por causa das seguidas internações em sanatórios. "Eu sofro de certo grau de esquizofrenia e preciso lidar com isso." Em 1982, ele gravou com Aguilar e a Banda Performática, mas só viria a reaparecer mais de dez anos depois, em discos de Chico César, Vange Milliet e Catalau.

Em meados da década de 1990, Luiz Calanca, dono da loja e gravadora Baratos Afins, preparava um LP de Catalau, vocalista do grupo de hard rock Golpe de Estado. Nos ensaios, comentou com Catalau que o estilo dele, ao tocar guitarra, lembrava muito o de um grande músico, então sumido, chamado Lanny Gordin. "O Lanny é meu primo, foi ele que me ensinou a tocar", respondeu Catalau. Calanca, então, sugeriu que o chamassem para gravar: "O Lanny estava bem e já havia gravado várias músicas, quando um técnico do estúdio pediu que ele não fumasse na sala de gravação". Ele saiu para fumar e desapareceu. Calanca só o reencontrou quatro anos depois, no centro de São Paulo. O guitarrista estava deitado na rua, barbudo, e passava as tardes sentado nas esquinas ou tocando guitarra em alguma igreja evangélica. Calanca o contratou como professor de guitarra, gravou as aulas e lançou um LP com os improvisos de Lanny. O disco ajudou a ressuscitar sua carreira.

Enquanto Arnaldo Baptista ainda estava entre a vida e a morte, aconteceu outra tragédia: em 19 de janeiro de 1982, Elis Regina morreu, aos 36 anos, depois de ingerir cocaína e álcool. A cantora foi encontrada no chão de seu apartamento no Jardim Paulista pelo namorado, o advogado Samuel MacDowell. Foi um choque para o país. Até pouco tempo antes, Elis era conhecida como avessa às drogas e chegou a criticar músicos e amigos que se drogavam. "Elis se suicidou, foi isso que aconteceu", diz André Midani, que lançou, pela Philips, quase todos os discos da cantora. "Houve uma coisa acidental, em um momento difícil e delicado da vida dela, causado por um fato pessoal. Ela havia se separado do Cesar [Camargo Mariano], e havia um teor de segurança que ele dava a ela, musicalmente, harmonicamente. Se você tira isso, a vida profissional já fica sombria. Se alguém entra na droga quando é muito jovem, dez anos depois tem a possibilidade de mudar. Mas, quando entra com 35, 40 anos, a droga desestrutura o que você é. Quero acreditar que o primeiro baseado que a Elis fumou foi comigo, e isso já nos anos oitenta. Lembro que, alguns dias depois, ela me ligou e me deu um puta esporro por telefone."

No velório de Elis, entre fãs e amigos aos prantos, Jair Rodrigues gritou que muitos dos que estavam ali tinham ajudado a cantora a se afundar nas drogas. E Ronaldo Bôscoli, ex-marido de Elis, contou no livro *Eles e eu* que encontrou em uma boate Fafá de Belém, amiga de Elis, e que Fafá o teria levado ao banheiro e jogado no vaso um papelote de cocaína enquanto dizia: "Vê só o que eu faço com essa merda!". Fafá nega: "Isso é invenção do Bôscoli, nunca aconteceu".

Nelson Motta – ex-namorado de Elis – não aguentou a barra do Rio de Janeiro e foi para a Itália. "Eu fugi da cocaína. Quando percebi, estava convivendo com o pior tipo de gente, cheirando com traficante, com bandido, todo mundo com a língua solta, falando um monte de merda pra quem não devia. Passei uma fase 'braba' e me peguei na curva descendente. Aquilo estava afetando minha vida. Quando comecei a cheirar, eu trabalhava muito mais, com mais prazer, mas depois não conseguia parar de cheirar, começava a brochar, foi uma fase péssima. Toda vez que visitava o Rio eu metia o pé na jaca de novo. Era difícil resistir: o pó era ótimo e o papelote custava dez dólares; na Itália, custava 150 dólares e era uma merda, já vinha malhado de Nápoles, malhado desde Santa Cruz de la Sierra."

Leiloca, das Frenéticas, conta que a banda estava em Portugal quando um músico passou mal e precisou de um médico. "Lá no Rio tem um remédio ótimo, Umalaine" [uma *line* – "linha" ou "carreira", em inglês], brincou a cantora, para espanto do doutor luso: "Umalaine? Nunca ouvi falar desse remédio". "Ah, é a melhor coisa, cura qualquer problema. No Rio, o pessoal usa à beça!"

Zé Ramalho foi outro artista que viu nevar muitas vezes no Rio de Janeiro. Sua fase cocainômana começou no fim dos anos 1970 e durou doze anos, como ele mesmo revelou à revista *Rolling Stone*. O pó teria inspirado um de seus maiores sucessos, a sacolejante "Frevo mulher" (1978), hit na voz de Amelinha, que era sua esposa na época. No início da década de 1980, Zé Ramalho viu o Rio tomado pela neve colombiana: "A cidade vivia um inferno de cocaína no ar. A Colômbia colocando pó de grande qualidade a preço de banana, o Cartel de Medellín investindo pesado pra todo mundo gostar e querer mais". A situação chegou a um ponto que, em 1987, na contracapa do LP *Décimas de um cantador*, ele aparecia tocando violão com uma gilete.

Não era só o Rio de Janeiro que estava coberto de pó. O mundo todo vivia o apogeu da cocaína. No Brasil, a droga, até então considerada coisa de rico, viu seu preço cair assustadoramente com o aumento da oferta, o que foi causado pela consolidação das rotas de tráfico da Bolívia e pelo crescimento impressionante dos cartéis colombianos.

Em julho de 1980, aconteceu na Bolívia o chamado "Golpe da Cocaína", que marcou o tráfico de drogas no mundo. Organizado pelo magnata Roberto Suárez Gomez e chefiado pelo general Luis García Meza, um sádico que liderava grupos de extermínio, o golpe contou com um grupo de mercenários treinados na Argentina – "Os Noivos da Morte" –, recrutados por um certo Klaus Altmann, alemão que, em 1971, havia ajudado a colocar no poder outro tirano, o general Hugo Banzer. Poucos sabiam da verdadeira identidade de Altmann. Ele era Klaus Barbie, o oficial nazista conhecido como "o açougueiro de Lyon", torturador e assassino responsável pela morte de 14 mil pessoas na Segunda Guerra. Desde os anos 1950, Barbie/Altmann trabalhava como diretor de "Operações Psicológicas" do Ministério do Interior da Bolívia. Esse *dream team* da barbárie tomou o poder, matou quinhentas pessoas na primeira noite, prendeu, torturou e estuprou outras 2.500, e estabeleceu na Bolívia a primeira "narcocracia" do mundo. Suárez Gomez nacionalizou o tráfico e usou aviões da Força Aérea do país para transportar cocaína. A droga era estocada em cofres de bancos estatais. Ele dizia, com orgulho, que havia sido a inspiração do personagem interpretado por Al Pacino no filme *Scarface* (1983), de Brian De Palma.

A Bolívia saiu na frente na corrida pela liderança do tráfico mundial, mas a Colômbia não ficaria atrás. Seu grande trunfo era um sujeito gordinho e de bigode fino, que, sob a aparência de bonachão, escondia um temperamento explosivo e um instinto assassino insuperável: Pablo Escobar. Nos anos 1980, o Cartel de Medellín, chefiado por Escobar, controlava 80% do tráfico de cocaína do mundo. A revista *Forbes* o apontou como um dos homens mais ricos do planeta: tinha dezessete mansões na Colômbia, incluindo Los Nápoles, uma fazenda de cerca de 3 mil hectares que hospedava cem pessoas e abrigava um aeroporto, lagos artificiais, sete piscinas e um zoológico com elefantes, zebras, girafas e rinocerontes. Segundo a biografia *Killing Pablo*, Escobar gostava de entreter os convidados com músicas de seu artista preferido, que ouvia em luxuosos *jukeboxes* importados dos Estados Unidos: Roberto Carlos.

Até 1993, quando morreu em um tiroteio com a polícia colombiana, Escobar aterrorizou o país: matou políticos e juízes, explodiu prédios públicos e executou testemunhas e adversários. Se ele foi o braço forte do tráfico, Carlos Lehder, seu parceiro, foi o cérebro. No fim dos anos 1970, Lehder criou uma logística de transporte de cocaína que fez do Cartel de Medellín o líder mundial do tráfico: ele comprou uma ilha nas Bahamas, chamada Norman's Cay, subornou o governo local, montou um pequeno exército com quarenta mercenários alemães, expulsou todos os moradores – até milionários tiveram as mansões metralhadas – e transformou a ilha no quartel-general de distribuição de cocaína para a América do Norte. Os aviões vinham da Bolívia e da Colômbia, desciam em Norman's Cay – as Bahamas não tinham tratados de extradição com a Colômbia e os Estados Unidos – e de lá voavam para a Flórida. Lehder chegou a transportar trinta toneladas de cocaína *por dia* para a América do Norte.

Enquanto a cocaína se tornava a droga da vez, e boa parte da cena musical brasileira fazia fila nos banheiros, um fenômeno pop alegre e festivo, que contrastava com o clima deprê do período, começou a tomar conta das rádios. Em julho de 1982, a EMI-Odeon lançou o compacto de "Você não soube me amar", da Blitz. A banda surgira dois anos antes, quando o ator e músico Evandro Mesquita, então com 28 anos, decidiu montar um projeto que unisse música e teatro. Evandro fazia parte de um conhecido grupo teatral carioca, o Asdrúbal Trouxe o Trombone, liderado por Regina Casé e Hamilton Vaz Pereira. Depois de várias formações, a Blitz se firmou como um septeto, com Evandro dividindo os vocais com uma dupla de cantoras, Fernanda Abreu e Márcia Bulcão. "Você não soube me amar" era uma canção bem-humorada e juvenil, incorporando gírias de praias cariocas, linguagem coloquial e um refrão matador, de pura genialidade pop. A Blitz era jovem, sexy e colorida, e virou uma espécie de símbolo do novo país que surgia com a abertura política e o iminente fim da ditadura militar. Não demorou para a Globo colocar a banda no *Fantástico* e na trilha de uma novela, *Sol de verão*.

Junto com a Blitz, despontaram outros artistas – Lulu Santos, Marina Lima, Lobão, Ritchie – que ajudaram a fazer a ponte entre o pop que dominava a FM e a nova cena de rock que surgia, o "Rock Brasil" ou "BROCK" de Legião Urbana, Paralamas do Sucesso, Titãs, Ira!, Ultraje a Rigor, RPM, Kid Abelha e tantos outros. Há uma clara diferença de idade entre as turmas: Evandro, Lulu, Marina e Lobão iniciaram carreira nos anos 1970 e eram, em média, cinco a sete anos mais velhos que a geração de Renato Russo, Herbert Vianna e Arnaldo Antunes. Mas estes se aproveitaram do caminho aberto nas rádios e TVs por aqueles. O primeiro festival Rock in Rio, em janeiro de 1985, marcou a explosão de popularidade do rock brasileiro, com shows de Blitz, Barão Vermelho, Paralamas do Sucesso e Kid Abelha e Os Abóboras Selvagens.

Outra "veterana" da cena pop surgida imediatamente antes do BROCK, apesar de ter pouco mais de trinta anos, foi Angela Ro Ro. No início dos anos 1980, os seus blues confessionais – "Amor, meu grande amor", "Simples carinho" – entraram em trilhas de novelas da Globo. Sua figura polêmica e escrachada estava por toda parte, especialmente depois da repercussão pública da briga com a cantora Zizi Possi. Filha de um diretor da Polícia Federal, Angela – o apelido "Ro Ro" foi dado pelos moleques do bairro, que zombavam de sua voz rouca – cresceu em um ambiente careta de classe média alta do Rio de Janeiro. Logo se rebelou: lésbica assumida, foi expulsa da escola várias vezes, dizia ter sido molestada sexualmente por um tio, enchia a cara em botecos de Ipanema, morou em uma comunidade hippie em Copacabana e passou um bom tempo vagando pelo Nordeste, de carona em carona. Vivia nas areias do Posto Nove, louca de Mandrix. "Era um horror", ela conta. "As pessoas ficavam trôpegas, disléxicas. Eu ia pra praia com a turma, a gente se esticava numa canga, todo mundo 'dragão', esparramado na toalhinha. Tinha até uma piada: 'Vamos dar uma caidinha?'. Então, todo mundo ficava de pé e a gente dizia: 'Agora, uma caidinha...'. E a turma inteira caía no chão ao mesmo tempo."

Em 1970, Angela foi para a Europa. "Meu pai me deu passagem só de ida, eu nunca soube se ele estava duro ou se não queria que eu voltasse." Na Itália, encontrou o cineasta Glauber Rocha. "Ele queria me comer de qualquer jeito, queria ter filhos comigo. Era impressionante, só de ele olhar pra mim eu já me sentia grávida." Em uma festa de cineastas, em Roma, Angela bateu papo com Federico Fellini e Giulietta Masina e deu um fora em Michelangelo Antonioni: "O Michelangelo ficou dizendo que queria que eu atuasse em um filme, que eu era belíssima, que ia pagar pra consertar meu dente da frente, que é quebrado, e eu fiquei de saco cheio. Disse: 'Che noia, Michelangelo!'. Ele ficou sem graça. O Glauber disse pra ele que não adiantava nem tentar, que eu era muito ruim de jogo".

Angela passou quatro anos na Inglaterra, onde trabalhou como faxineira em hospitais, lavou pratos em bares e arrumou uma namorada inglesa. Um dia, entrou em um pub, pediu licença para usar o piano e cantou "Summertime". Ganhou mais dinheiro do que em uma semana de limpeza no hospital. "Modéstia à parte, eu tinha um vozeirão, era muito bonita – tenho fotos pra provar – e impressionava. Comecei a cantar Cat Stevens, 'Hey Joe', do Jimi Hendrix, e mandava até um 'Asa branca' de vez em quando. Eu levava uma caneca e dizia para o público: 'Estou cansada do tilintar das moedas, agora quero ouvir o farfalhar das cédulas!'."

Angela morava em um subúrbio de Londres – "tipo Bangu ou Realengo" –, trabalhava de dia e cantava à noite nos pubs de King's Road. Andava com hippies e squatters e frequentava festinhas de arromba. Depois de uma delas, ao acordar, viu-se sozinha em um apartamento imenso. De repente, ouviu o choro de uma criança. O bebê dormia na gaveta de uma cômoda, ao lado de uma nota de cinco libras e um bilhete: "Angie, querida, fui pra Istambul, por favor tome conta do baby". Angela foi convidada por Malcolm McLaren – que depois inventaria o grupo punk Sex Pistols – a gravar um disco de blues, mas o projeto não vingou. Em 1972, tocou gaita na faixa "Nostalgia (That's What Rock'n'Roll is All About)", do disco *Transa*, de Caetano Veloso, gravado em Londres.

Na Inglaterra, Angela começou a compor. Escreveu uma canção em inglês, "The Split Up Song Number One" ["Canção da separação número um"], que gravaria em 1979, já no Brasil, com o nome de "Amor, meu grande amor". Teve músicas gravadas por Marina Lima ("Não há cabeça"), Maria Bethânia ("Gota de sangue") e Ney Matogrosso ("Balada da arrasada"). Quando lançou seu primeiro disco, *Angela Ro Ro*, em 1979, já era uma artista cultuada na cena alternativa carioca. O LP é uma obra-prima, uma coleção de blues e baladas dramáticas sobre amores fracassados e corações partidos. Ro Ro se revelou uma Maysa para os novos tempos (a Fossa Nova?), em letras confessionais sobre bebida, namoradas e noites em claro.

Arnaldo Brandão foi outro artista veterano que teve papel marcante no pop brasileiro. Quando o BROCK surgiu, ele fazia parte do Brylho, grupo pop-funk que contava ainda com Claudio Zoli e tinha estourado com a faixa "Noite do prazer", famosa pelo refrão "Tocando B.B. King sem parar", que a massa cantava assim: "Trocando de biquíni sem parar". Mas sua carreira começara no fim da década de 1960, tocando Beatles, Led Zeppelin e The Who em bailes no subúrbio, com o grupo A Bolha.

A Bolha era uma das melhores bandas daqueles anos, e seus integrantes viriam a tocar em vários grupos que fizeram sucesso mais tarde, como A Cor do Som, Herva Doce, Roupa Nova e Hanói-Hanói. Em 1970, Jards Macalé viu um show da Bolha e ficou tão impressionado que convidou a banda para acompanhar Gal Costa, de quem era produtor. Arnaldo tinha dezoito anos. Quando Gal foi convidada para espetáculos em Portugal, os rapazes da Bolha aproveitaram a viagem à Europa e esticaram até a Ilha de Wight, na Inglaterra, onde iria acontecer um festival de rock. Acompanhados de Gilberto Gil e Caetano Veloso, então exilados em Londres, Arnaldo e sua trupe viram shows de Jimi Hendrix, The Doors, Joan Baez, Miles Davis, The Who e Emerson, Lake & Palmer.

O Festival da Ilha de Wight foi uma revelação para Arnaldo. Ele tomou vários ácidos, teve uma "epifania" e decidiu estudar contrabaixo na Inglaterra. Largou A Bolha e se mudou para Londres em 1971, levando algumas economias e trinta gramas de cocaína, que esperava vender para conseguir uma grana. Deu sorte: uma das primeiras pessoas que encontrou na cidade foi o americano Rufus Collins, um bailarino e ator negro que fazia parte do grupo de teatro experimental The Living Theatre, de Nova York. Rufus conhecia as pessoas certas para quem Arnaldo poderia vender a droga: os Rolling Stones. "Virei um pequeno traficante dos Stones", diz Arnaldo. "Entrei na alta-roda de sexo, drogas e rock'n'roll, fiquei muito amigo do Mick Taylor." À época, Taylor era guitarrista da banda.

Em pouco tempo, ele conta, estava fazendo viagens frequentes ao Brasil para buscar no país o que tanto interessava ao seus novos amigos, entre eles Bianca Jagger – então mulher de Mick –,

Keith Richards e a namorada, Anita Pallenberg, Andy Johns, engenheiro de som e produtor da banda, e Marshall Chess, diretor da gravadora dos Stones e filho do criador da mitológica gravadora Chess, casa de Chuck Berry, Bo Diddley, Howlin' Wolf e Muddy Waters.

Arnaldo ficou tão amigo de Mick Taylor que foi morar na casa dele. Viu as gravações de Goats Head Soup (1973) e It's Only Rock'n'Roll (1974) e acompanhou os Stones em shows. Começou a cheirar demais e a tomar ácido sem parar. Antes de sair de casa para um show de Frank Zappa, colocou LSD em um ponche, tomou uma jarra e ainda deu um pouco para o cachorro, que desapareceu por dias. Teve uma *bad trip* tão intensa – Arnaldo, não o cachorro – que achou que ia morrer. Para piorar, passou a usar heroína: "Foi uma merda. Até minha mulher disse que não ia dar mais pra mim se eu continuasse com a herô". No fim de 1974, voltou ao Brasil para tocar com A Bolha, disposto a ficar longe das drogas. Não deu certo: um de seus primeiros trabalhos foi acompanhar Raul Seixas no festival Hollywood Rock. "O Raul tava no mesmo nível de doideira do Keith Richards. Ele faltava a todos os ensaios, depois apareceu em uma caminhonete verde, como aquelas Veraneios da polícia. O motorista era filho de um bicheiro doidão, e o Raul estava cheio de seguranças armados, todo mundo cheirando pra caralho. Eu pensei: 'O que eu estou fazendo aqui? Fugi dos Stones, daquela loucura de Londres, pra isso?!'."

Raulzito foi demais até para Arnaldo, que logo saiu para tocar com Jorge Ben, Luiz Melodia, Jorge Mautner e Rita Lee, e mais tarde entrou para A Outra Banda da Terra, grupo de Vinícius Cantuária, Tomás Improta e Perinho Santana, que acompanhou Caetano Veloso em cinco discos: *Muito – Dentro da estrela azulada* (1978), *Cinema transcendental* (1979), *Outras palavras* (1981), *Cores, nomes* (1982) e *Uns* (1983).

Enquanto ganhava a vida como músico de apoio, Arnaldo montou seu próprio grupo, com o sugestivo nome de Brylho ("todo mundo cheirava demais"), que estourou com "Noite do prazer", uma baladona à Tim Maia – o cantor Claudio Zoli claramente emulava Tim. Foi uma das músicas mais tocadas nas FMS em 1983 e acabou na trilha da novela *Voltei pra você*, da Globo. De repente, Arnaldo se viu no programa do Chacrinha e fazendo shows de playback no subúrbio. "Eu estava feliz com o sucesso e ganhava uma grana, mas ao mesmo tempo achava tudo aquilo muito humilhante. Era deprimente fazer playback, especialmente porque eu tinha tocado naqueles mesmos clubes do subúrbio do Rio, nos anos sessenta e setenta, com A Bolha."

Os shows de playback rolavam no meio de bailes funk. O artista dublava duas ou três músicas e saía correndo para outro clube. Não era incomum cantar em três ou quatro lugares na mesma noite. Muitos desses shows eram promovidos por programas de TV. Os artistas não ganhavam nada. O show que faziam era apenas uma troca de favores por terem aparecido no programa. "Uma noite, estávamos fazendo um playback em Rio das Pedras [Zona Oeste do Rio, próximo à Jacarepaguá], quando o som falhou. O público começou a gritar: 'É playback, seus filhos da puta!'. Eu fiquei puto: 'Claro que é playback, seus otários! Vão dizer que vocês não sabem que isso é a maior enganação?'. A galera ficou revoltada, nosso empresário ficou puto da vida. Era uma forma fácil de ganhar uma grana, mas, para quem era músico de verdade e gostava de tocar ao vivo, aquilo era uma humilhação."

Além de Angela Ro Ro e Arnaldo Brandão, outra personagem marcante dessa época de excessos foi a inesquecível Neuzinha Brizola. Filha do governador do Rio, Leonel Brizola, ela era amiga do Cazuza e figura conhecida no Baixo Leblon. Frequentava tanto as areias do Posto Nove quanto as páginas policiais, graças a prisões por porte de cocaína. Mas ficou realmente famosa quando decidiu se lançar como cantora, com a divertida "Mintchura", canção que narrava uma noite de loucuras no Rio: "Cheguei no Baixo Gávea solteirinha e assanhada da silva/ Depois do sexto chopp pinta um broto me chamando a atenção/ Me convidou para uma festa na sua cobertura/ Falando empolgado que a Blitz estaria por lá [...] Chegamos em um bairro afastado numa rua escura/ O prédio era tão velho que não tinha nenhum elevador/ A cobertura era uma kitnet, a festa era mintchura/ Mintchura, mintchura". A faixa foi escrita pelo roqueiro Joe Euthanázia e produzida por Paulo Coelho, que também publicou, pela sua editora Shogun Arte, *O livro negro de Neuzinha Brizola* e foi mestre de cerimônias do casamento da cantora com o empresário Franco Bruni – o mesmo que, anos depois, seria acusado de calote pela banda irlandesa U2.

A cerimônia foi realizada dentro do terminal de ônibus Menezes Cortes, no centro do Rio. Neuzinha, que se dizia líder suprema do Movimento Anarquista Tropicalista Energético, casou vestida de Cleópatra, cercada por archotes e cuspidores de fogo. O pai, Leonel, ficava furioso com as estripulias da filha e conseguiu suspender a circulação da revista *Playboy* com fotos de Neuzinha. Segundo Fábio Fabretti, biógrafo da cantora, em declaração à revista *Época*, "ela viajava para Amsterdã para levar cocaína e trazer heroína. Uma vez, esqueceu um quilo de heroína debaixo do banco de um dos carros que o pai usava para a campanha presidencial de 1989".

A carreira musical de Neuzinha Brizola durou pouco. Como um "tiro" de pó, "Mintchura" causou uma breve sensação de onipotência, mas o efeito passou rapidamente e logo a cantora entrou para a lista dos *one hit wonders*, astros efêmeros do pop, que só tiveram, sem trocadilho, um sucesso na carreira. Para Neuzinha Brizola, a festa foi "Mintchura".

1983

O mundo é pequeno demais pra nós três

Sullivan, Massadas e Ritchie dominam as paradas

O clima ficou tenso no escritório da CBS, no Rio de Janeiro: Ritchie não estava nada satisfeito com a demora em lançar seu novo compacto, com a música "Menina veneno". O cantor achava que a canção tinha potencial para ser um hit, mas encontrara resistência dentro da gravadora, e o lançamento ainda não fora aprovado. As desculpas variavam: uns achavam a música esquisita; outros não conseguiam ver apelo comercial naquele inglês magro e branquelo que cantava com sotaque. Claudio Condé, um dos diretores da gravadora, acreditava na canção e tentava convencer a empresa a lançá-la. Enquanto a gravadora não se decidia, Condé gravou "Menina veneno" em fitas de rolo e enviou para um divulgador da gravadora em Fortaleza. Era uma espécie de teste: se as rádios nordestinas se interessassem pela música, quem sabe não valeria a pena lançá-la? Para acalmar Ritchie, Condé ligou para o divulgador e colocou a ligação no viva-voz. O divulgador cearense estava ansioso:

— Pelo amor de Deus, Claudio, vocês precisam mandar material! Aqui está uma loucura!

— As rádios estão tocando a música? — perguntou Condé.

— Se estão tocando? Claro que estão tocando, catorze vezes por dia!

Condé virou-se para Ritchie:

— Catorze vezes por dia em Fortaleza é um número excelente...

— Você não está entendendo, Claudio — disse o divulgador.
— A música está tocando catorze vezes por dia em cada rádio! Quando é que vocês vão soltar esse disco?

Em fevereiro, a CBS finalmente lançou *Menina veneno*. Foi o compacto mais vendido no Brasil em 1983. E o LP de Ritchie, *Voo de coração*, sairia em junho e disputaria a liderança das paradas até o fim do ano seguinte com Roberto Carlos e *Thriller*, o disco de Michael Jackson.

Quando estourou com "Menina veneno", Richard David Court, o Ritchie, já era um veterano da cena musical no Brasil. O inglês desembarcara por aqui em 1972, para três meses de férias, mas nunca mais voltou à Inglaterra (sua matrícula no curso de literatura inglesa em Oxford ainda está aberta). Ritchie era um músico versátil: tocava vários instrumentos e havia cantado no coral da Sherborne School, tradicional escola britânica, onde foi colega do ator Jeremy Irons. Em Londres, conheceu Rita Lee, que o convidou para passar uma temporada com os Mutantes em São Paulo.

Ao chegar, Ritchie logo se enturmou com os brasileiros. Montou uma banda, Scaladácida, que cantava em inglês, e foi chamado para o grupo de rock progressivo Vímana, no qual tocou com Lulu Santos e Lobão. A cena roqueira no Brasil era pequena e ortodoxa. O rock progressivo de Yes, Gentle Giant e Emerson, Lake & Palmer dominava as discussões. "As pessoas não acreditavam que havia um roqueiro inglês de verdade por aqui, que cantava em inglês, e eu virei um rock star. Várias bandas tentavam cantar em inglês, mas falavam muito mal. Pensei: 'Posso me dar bem por aqui!'."

Quem tinha visto shows de Roxy Music, Mahavishnu Orchestra e Yes na Europa não se impressionava muito com as bandas brasileiras, exceto com os Mutantes. "Eles eram fora de série, estavam no mesmo nível técnico de qualquer banda estrangeira.

Tinham uma força e uma originalidade impressionantes. Virei grande fã deles." Ritchie morou por um tempo com Arnaldo e Sérgio e presenciou as brigas que culminariam na saída de Rita Lee do grupo. "Rita não gostava da direção que o som da banda estava tomando. Ela não curtia rock progressivo, estava claro que queria fazer algo mais pop e comercial. Mas a banda estava cada vez mais interessada num som virtuosístico, que era a moda, a coisa mais moderna na época."

O Vímana acabou em 1977, sem estourar, e Ritchie foi dar aulas de inglês para sobreviver. Não via nenhuma perspectiva para quem gostava de rock e pop. Cansou de ouvir gravadoras dizerem que o rock jamais teria vez no Brasil, pois o povão não apreciava. Ritchie conseguiu um emprego na escola de inglês Berlitz e deu aulas particulares para Paulo Moura, Egberto Gismonti, Gal Costa e Liminha. Já tinha se conformado em abandonar a música.

Em 1980, o ex-baterista do grupo inglês Traffic, Jim Capaldi, casado com uma brasileira, pretendia gravar um disco solo, *Let the Thunder Cry*, e convidou Ritchie para ajudá-lo com os arranjos vocais em Londres. Capaldi reuniu um supergrupo para o LP, incluindo o baterista Simon Kirke (Free, Bad Company), o saxofonista Mel Collins (King Crimson, Camel), o percussionista Rebop Kwaku Baah (Can, Traffic) e o baterista Andy Newmark, que havia trabalhado com Sly and the Family Stone, Cat Stevens e Pink Floyd, e gravaria, meses depois, o último disco de John Lennon, *Double Fantasy*. Ritchie ficou orgulhoso por estar no meio daquelas feras. Embora fosse um músico desconhecido, sentiu-se respeitado por todos. Além de cantar, acabou ajudando na produção do disco. O trabalho restaurou a confiança artística que ele havia perdido. Ao mesmo tempo, começou a notar que a cena no Brasil estava mudando, e que a música jovem ganhava terreno no país.

Tomou uma decisão: "Berlitz é o caralho!". E, assim que voltou ao Brasil, bateu à porta do amigo Bernardo Vilhena, letrista e poeta do grupo Nuvem Cigana: "Bernardo, vamos ganhar dinheiro?".

Meses antes, a mulher de Ritchie, Leda, tinha trazido do exterior um Casiotone, pequeno teclado eletrônico. O músico sabia as limitações do instrumento, mas ficou fascinado com a sonoridade moderna do brinquedo. Na época, faziam sucesso grupos de *synthpop*, como Soft Cell, Depeche Mode, Human League e A Flock of Seagulls, que usavam sintetizadores em canções dançantes. Havia também uma vertente do *synthpop* chamada new romantic, nascida de clubes do underground londrino, inspirada no visual andrógino e chique de Roxy Music e David Bowie, e que revelaria grupos como Duran Duran, Visage, Culture Club e Spandau Ballet. Ritchie seria o primeiro new romantic brasileiro. Só faltava convencer as gravadoras.

Antes que a CBS o fizesse, a Warner teve a chance de contratar Ritchie. Várias músicas que entrariam no primeiro disco do cantor com a CBS foram gravadas em um porão da sede da Warner pelo produtor Liminha, durante uma sessão que contou com o guitarrista Steve Hackett, ex-Genesis, outro gringo casado com uma brasileira. Liminha fez de tudo para levar Ritchie para a Warner, mas André Midani achou que as músicas não tinham potencial. Foi um dos maiores arrependimentos da carreira de Midani. "Ele ficou tão arrasado que depois fez de tudo para me levar pra Warner", lembra Ritchie. "Chegou a me convidar para o camarote dele na Marquês de Sapucaí, que era em frente ao camarote da CBS. Lembro que passei a noite toda conversando com o Chris Squire, do Yes, e dando tchauzinho para o pessoal da CBS, que não estava entendendo porra nenhuma."

Ritchie mostrou à CBS a fita demo com duas músicas, "Voo de coração" e "Baby, meu bem". Claudio Condé adorou as canções e deu ao músico um horário de estúdio que ninguém queria – a tarde de 31 de dezembro de 1982. Ritchie deveria regravar as faixas em 24 canais, pois as demos haviam sido feitas em oito canais. Mas o cantor tinha outros planos: em vez de usar o estúdio para mexer em músicas prontas, decidiu gravar uma inédita, que havia acabado de fazer com Bernardo Vilhena, "Menina veneno". Na tarde de 1º de janeiro de 1983, ignorando o feriado, Ritchie bateu na casa de Condé: "Você vai me desculpar, mas eu não passei as músicas pra 24 canais, eu gravei outra". O diretor da CBS nem teve tempo de reclamar. Ritchie colocou a música para tocar e Condé ficou de queixo caído: "Isso aí é tudo o que a gente queria".

Quem ouve, hoje, "Menina veneno" pode ter dificuldade em compreender por que a canção soava tão moderna em 1983. Mas os que viveram aquela época sabe o choque que foi ouvir uma canção tão futurista em português. Aquilo simplesmente não existia por aqui. O pop brasileiro era orgânico, feito de guitarras, não de sintetizadores. Era solar, praiano e alegre – Blitz, Lulu, Gang 90 –, ao passo que a música de Ritchie era gélida e contida, o que lhe conferia uma atmosfera mais europeia e cool. Além disso, a figura de Ritchie contrastava com a de um pop star tropical: magérrimo, meio andrógino, com orelhas pontudas e dentes imperfeitos, usava um topete de gel, vestia jaquetas de couro e cantava com um forte sotaque estrangeiro. A canção tinha uma letra sexy e misteriosa, com um refrão absolutamente inesquecível e solo de saxofone, um must do pop da década de 1980. Se fosse gravada em inglês pelo Duran Duran, "Menina veneno" teria sido um sucesso mundial.

Ritchie não tinha na manga apenas essa música. O disco todo, *Voo de coração*, era muito bom, com canções pegajosas, bem-produzidas e hits a granel, como "Pelo interfone", "A vida tem dessas coisas", "Voo de coração" e "Casanova". Todos os sintetizadores foram gravados por Lauro Salazar, um brasileiro que morava em Munique e trabalhava com alguns dos músicos mais importantes da vanguarda alemã, como o baterista Curt Cress, conhecido por seu trabalho solo e por discos com Falco e Alphaville. Salazar também fez os arranjos do LP de Ritchie e, mais tarde, tocaria teclados no sucesso "Cheia de charme", de Guilherme Arantes.

Desde *Secos & Molhados*, nenhum disco de estreia no Brasil fizera tanto sucesso quanto *Voo de coração*. Ritchie saiu em uma turnê gigante – com 139 shows em sete meses – por Brasil, Paraguai e Peru, levando toda a aparelhagem de som e iluminação. A excursão passou por cidades que nunca tinham visto uma guitarra elétrica, quanto mais um sintetizador. E o professor de inglês virou o maior pop star do Brasil. Na primeira vez que foi à CBS receber seu pagamento, Ritchie olhou para o cheque e não acreditou: "Não é possível, deve ter algum zero a mais aqui, não?". Com o dinheiro, comprou uma cobertura na Lagoa, no Rio de Janeiro, que pertencia à atriz Tônia Carrero. O apartamento era tão grande que a atriz havia construído um palco no último andar, onde ensaiava suas peças. "A Tônia me disse que estava muito feliz com o negócio, porque nenhum amigo dela tinha dinheiro pra comprar o imóvel."

O futuro parecia promissor para Ritchie: rico, famoso e com um contrato de mais três discos com a CBS. Uma série de desentendimentos e crises, entretanto, acabaria por prejudicar sua carreira. Depois do sucesso de *Voo de coração*, ele nunca mais teria um LP entre os cinquenta mais vendidos do ano no Brasil. Quando foi gravar o segundo disco, *E a vida continua*, o cantor sentiu certa má vontade por parte da CBS. "Eles não divulgaram o disco, não pareciam interessados." A música de trabalho, "A mulher invisível", outra parceria com Bernardo Vilhena, fez sucesso nas rádios, mas logo sumiu das paradas. O LP vendeu 100 mil cópias, uma boa marca, mas modesta se comparada ao número atingido por *Voo de coração*: 1,2 milhão. O disco seguinte, *Circular*, vendeu menos ainda: 60 mil.

Ritchie ficou perplexo. Não entendia como havia passado, em tão pouco tempo, de prioridade a estorvo na CBS. Até que leu uma entrevista de Tim Maia à revista *IstoÉ*, em que o "Síndico" afirmava que Roberto Carlos, o maior nome da gravadora, havia "puxado o tapete" de Ritchie. "Eu não podia acreditar. O Roberto sempre foi muito carinhoso comigo, sempre fez questão de me receber no camarim dele, sempre me tratou muito bem. Até hoje não acredito que isso tenha partido do Roberto." Um dia, Ritchie foi cumprimentar Tim Maia depois de um show no Canecão. O camarim estava lotado. Assim que viu Ritchie, Tim gritou: "Agora todo mundo pra fora, que vou receber meu amigo Ritchie, o homem que foi derrubado da CBS pelo Roberto Carlos". Claudio Condé, da CBS, nega: "Isso é viagem. O Roberto nunca teve esse tipo de ciúme".

Para piorar a situação, Ritchie comprou briga com outro peso-pesado da indústria da música: Chacrinha. Por um bom tempo, o cantor havia participado dos playbacks que o Velho Guerreiro promovia em clubes do subúrbio do Rio de Janeiro, mas essas apresentações começaram, gradativamente, a atrapalhar a agenda de shows de Ritchie. "Marcaram um playback comigo, com a Alcione e com o Sidney Magal no estacionamento de um shopping, mas eu tinha um show de verdade em Belo Horizonte, e meu empresário disse que eu não poderia comparecer."

Resultado: Ritchie passou a ter cada vez menos espaço na televisão e viu notinhas maliciosas serem plantadas em colunas musicais. "Uma delas dizia: 'O artista inglês Ritchie, tão bem-acolhido pelos brasileiros, se recusa a trabalhar com artistas brasileiros'. Fiquei puto da vida", lembra o cantor. Em janeiro de 1985, Ritchie, o maior vendedor de discos do Brasil no ano anterior, foi ignorado pelo Rock in Rio. "Aquilo me deixou arrasado. Lembro que um dos organizadores do festival deu uma declaração dizendo que eu 'nem brasileiro era'. Como pode uma coisa dessas?"

Ritchie estava tão por baixo na CBS que a gravadora concordou em rescindir seu contrato, mesmo faltando um disco para ser feito. O cantor assinou com a Polygram e lançou, em 1987, o compacto *Transas*, tema da novela *Roda de fogo*. *Transas* vendeu muito bem, mas seu primeiro LP pela Polygram, *Loucura e mágica*, não ultrapassou 25 mil cópias. Em três anos, Ritchie fora de maior astro do Brasil a fracasso de vendas, tornando-se um exemplo marcante da efemeridade dos fenômenos pop. Anos depois, quando fazia um show em Angra dos Reis, o cantor foi procurado por um homem, que se apresentou como radialista e lhe disse: "Há anos quero te contar isto: quando você lançou 'A mulher invisível', aconteceu algo que eu nunca tinha presenciado em mais de trinta anos de carreira no rádio: eu ganhei um jabá da sua própria gravadora para *não* tocar a sua música!".

Enquanto o inglês estourava com "Menina veneno", Tim Maia escolhia o repertório de seu próximo LP, *O descobridor dos sete mares*. Certo dia, enquanto esperavam por Tim – sempre atrasado para o ensaio –, dois músicos de sua banda resolveram tocar uma canção que tinham escutado em uma fita cassete. Era uma música de dor de cotovelo, o lamento de um homem que levara um chifre da mulher. Tim chegou ao estúdio quando a canção ainda estava no meio. "Que música é essa?", perguntou. "É do Porquinho e do

Paulinho Massadas", responderam. "Porquinho" era o apelido de Michael Sullivan, e a música era "Me dê motivo". Gravada por Tim Maia, foi o primeiro grande sucesso da dupla Sullivan e Massadas, outro fenômeno pop bombástico no Brasil dos anos 1980.

Quando estouraram com "Me dê motivo", eles já tinham mais de dez anos de carreira. O pernambucano Ivanilton de Souza Lima, o Sullivan, tinha 33 anos e cantava desde os catorze em bailes e boates no interior de seu Estado. Ainda adolescente, ganhou um concurso de calouros e recebeu o prêmio das mãos do seu maior ídolo, Luiz Gonzaga. No início dos anos 1970, mudou o nome para Michael Sullivan, estourou com uma balada em inglês, "My Life", e fez parte dos grupos Renato & Seus Blue Caps e The Fevers. O carioca Paulo Massadas tinha a mesma idade e tocava em conjuntos de baile desde o fim da década de 1960. Era formado em marketing, mas sonhava em fazer carreira de compositor. Havia escrito músicas para Vanusa e um sucesso para o grupo Painel de Controle, "Chama a turma toda". Os dois se conheceram em 1979, em um show em Bangu, no subúrbio do Rio, no qual ambos se apresentaram, Massadas tocando com a cantora Rosana – que ficaria famosa com o hit "O amor e o poder (Como uma deusa)" –, na banda do pai dela, Os Casanovas.

Sullivan e Massadas se tornaram amigos e logo começaram a compor juntos. Primeiramente para o Jangada, selo de música nordestina da EMI-Odeon, no qual fizeram, na definição de Massadas, "músicas muito simples, para o povão mesmo, tipo 'meu amor, te darei o meu perdão e te amarei pra toda vida, tenha pena desse pobre coração'". A dupla também compôs para artistas ligados à música brega, como Evaldo Freire, Reginaldo Rossi e Adilson Ramos, e depois para José Augusto. Pouco a pouco, foram aprendendo os segredos de um hit. Michael Sullivan diz que sua escola foi o baile: "Eu cantava em boate desde os catorze, quinze anos. Cantava Martinho da Vila, Anísio Silva, João Gilberto, Little Richard, Jovem Guarda, Jair Rodrigues. Cantava de tudo. Se o cliente pedia, eu cantava. Foi assim que aprendi a compor. Eu faço músicas simples, só sei fazer isso mesmo. O Chico, o Djavan, o Roberto Carlos, eles fazem o que sabem, e eu faço o que eu sei. Cada um é a sua música".

Depois que Tim Maia gravou "Me dê motivo", a carreira de Sullivan e Massadas decolou. Até o fim dos anos 1980, a dupla dominaria as paradas brasileiras com uma sequência impressionante de sucessos para Gal Costa ("Um dia de domingo"), Fagner ("Deslizes"), Tim Maia ("Leva"), Roberto Carlos ("Amor perfeito"), Roupa Nova ("Whisky a go go"), Alcione ("Nem morta"), Joanna ("Um sonho a dois"), Rosana ("Custe o que custar"), José Augusto ("Fui eu"), Sandra de Sá ("Joga fora"), Leandro e Leonardo ("Talismã") e muitos outros. Michael Sullivan afirma que nunca teve preconceitos em relação a algum tipo de música: "Nós faríamos música para o Reginaldo Rossi ou para o Pink Floyd, era só eles pedirem".

Sullivan e Massadas também perceberam o potencial gigantesco do mercado infantil, comprovado pelo sucesso da Turma do Balão Mágico. A dupla estava de olho em um programa da TV Manchete chamado *Clube da Criança*, apresentado por Xuxa e pelos pequenos Luciano Nassyn e Patricia Marx. Sullivan tentou convencer Xuxa a cantar. Massadas lembra a reunião em que convidaram a apresentadora e modelo para participar do disco: "Ela estava sentada em cima da mesa, nervosa demais, muito insegura, e disse: 'Mas gente, eu não sei cantar'. Nós insistimos, e a Xuxa acabou aceitando: 'Tá bom, mas vou ter de perguntar pro Dico.' Dico era o Pelé".

O LP *Clube da Criança* saiu pela RCA e vendeu mais de 300 mil cópias, puxado pelo hit "É de chocolate", composto por Sullivan e Massadas. O disco tinha participações de Martinho da Vila, Roupa

Nova, Robertinho de Recife, Sérgio Mallandro, Palhaço Carequinha, Sérgio Reis e Emilinha. Patricia Marx e Luciano Nassyn – que formariam o grupo Trem da Alegria, uma invenção de Sullivan – cantaram a maioria das músicas. Xuxa só cantou em três faixas. "Eu disse pra RCA: contrata logo a Xuxa, que ela vai ser a nova Rita Lee. Nego riu pra cacete, todo mundo achou que era brincadeira", conta Massadas. Xuxa acabou assinando com a Som Livre, gravadora da Globo, mas estabeleceu uma longa parceria com Sullivan e Massadas que lhe rendeu sucessos como "Lua de cristal", "Brincar de índio", "Estrela cadente" e "Parabéns da Xuxa".

O domínio de Sullivan e Massadas na cena musical ganhou um forte empurrão com a chegada do executivo Miguel Plopschi à gravadora RCA, em 1983. De origem romena (seu prenome de fato era Mihail), ele fora saxofonista dos Fevers e trabalhara por mais de uma década como gerente artístico na EMI-Odeon. Assim que assumiu, aos 36 anos, a RCA (depois, BMG-Ariola), Plopschi iniciou uma parceria com Sullivan e Massadas e teria tentado empurrar músicas da dupla nos discos de todos os contratados da gravadora, como Fagner, a quem mostrou "Deslizes". Ele nega, porém, qualquer tipo de interferência: "Será que alguém poderia obrigar Tim Maia, Gal Costa, Alcione, Roberto Carlos, Fagner etc. a gravar uma canção que eles não gostavam ou não queriam gravar? Evidente que não". Lulu Santos, que lançou diversos discos pela RCA nos anos 1980, também acha improvável que artistas tenham sido "forçados" a gravar músicas de Sullivan e Massadas. "Forçado$, certamente", ironizou, em resposta enviada por escrito.

Até os concorrentes da RCA, como Roberto Menescal, então diretor da Polygram, reconhecem o talento de Sullivan e Massadas para fazer músicas de sucesso: "Eles eram craques, é a minha opinião. Tinham muito talento, e pouca gente consegue fazer tantas músicas comercialmente boas durante tanto tempo. Eles formaram uma tática que deu muito certo, fazendo do Miguel Plopschi um parceiro musical. É só apurar na RCA quantas músicas do Miguel foram gravadas lá, e você vai entender". De fato, Plopschi foi parceiro de Sullivan e Massadas em diversas canções de sucesso, como "Whisky a go go", do Roupa Nova, além de músicas do grupo The Fevers e da Xuxa. Menescal diz que só gravava canções da dupla quem queria. Como exemplo, cita Maria Bethânia, que, tendo assinado com a RCA no fim dos anos 1980, se recusou a gravar Sullivan e Massadas. Fagner é da mesma opinião: "O Miguel fazia o jogo dele, e só entrava quem estava a fim. Ele era muito persistente, mas comigo mesmo ele veio com ideias que eu não quis".

Odair José, que trabalhou com Plopschi na EMI, declara que nunca foi forçado a gravar o que não queria: "O Miguel tinha uma visão muito comercial da música, o que eu achava errado, mas a verdade é que meus discos na EMI foram uma merda por culpa minha. Eu só queria saber de beber e fumar maconha".

Uma das grandes jogadas comerciais da gestão de Miguel Plopschi na RCA foi reunir Gal Costa e Tim Maia no megasucesso "Um dia de domingo", de Sullivan e Massadas. A música, produzida por Plopschi, foi lançada no LP *Bem bom* (1985), o segundo de Gal na RCA. Massadas conta que não foi fácil juntar dois astros como Gal e Tim na mesma gravação. A ideia inicial era que eles cantassem juntos, mas a RCA acabou optando por gravá-los separadamente, já que Tim era "intenso e de personalidade imprevisível", como define Massadas. Quando Gal escutou a gravação de Tim Maia, percebeu que o tom não era o mais adequado para a sua voz. Lincoln Olivetti, que havia feito o arranjo da canção, teve de regravar alguns trechos, aumentando a velocidade da fita e subindo o tom das partes cantadas por Gal.

"Um dia de domingo" foi um dos maiores sucessos comerciais da carreira de Gal Costa, mas a crítica detestou. Lulu Santos lembra a reação de ódio que a música desencadeou na época: "A canção foi execrada como uma espécie de sacrilégio, antítese da cabulosa 'linha evolutiva' [da música brasileira]". Sullivan e Massadas foram definitivamente estigmatizados como sinônimo de música comercial de baixa qualidade. Artistas celebrados da MPB, como Gal Costa, Tim Maia e Fagner, que ousaram gravar músicas da dupla, foram escorraçados. Quando Fagner gravou "Deslizes", Maurício Kubrusly, então crítico de música, escreveu: "Sucesso é que nem tersol, dá e passa. E o de Fagner já passou". Fagner rebate: "'Deslizes' me fez ganhar a rádio e vender muito. Disseram que eu estava 'bregando', mas não me importo. Eu sabia que era diferente do que andava fazendo, mas 'Deslizes' tinha a ver com a identidade do meu som, trazia aquele solo bacana do Robertinho de Recife. Sullivan e Massadas possuíam uma qualidade: eles faziam um trabalho que atendia ao rádio e sabiam compor pra diferentes artistas. Quando eu gravei, não estava muito confiante, mas, no dia seguinte, até os funcionários do estúdio já estavam cantando a música. Pensei: não sou eu que vou barrar essa canção".

Paulo Massadas diz que pagou um preço alto pelo êxito: "A gente entrou muito de repente e de forma avassaladora, sem pedir licença. Entendo que os outros possam ter pensado: 'Espera aí, vocês vão ficar com todos os primeiros lugares?'. O sucesso é maravilhoso, mas desgastante". O compositor acha que a música simples e escapista da dupla foi um reflexo do momento político e social do Brasil: "Na época da ditadura, o que o povo queria? Queria ouvir pessoas que falassem sobre liberdade ou sobre a falta dela. Quando a ditadura começou a acabar, nos anos oitenta, o país foi se abrindo, o povo começou a buscar uma coisa mais leve e já não precisava de porta-vozes. Nós surgimos na época em que o povão mais se encantou com a sua própria música, a do povão. Porque a Bossa Nova e a MPB eram maravilhosas, mas eram música da elite".

Se os anos 1970 são considerados uma época de ouro da música pop brasileira, com o surgimento dos Novos Baianos, de Raul Seixas, Secos & Molhados, Fagner, Belchior e Zé Ramalho, sem falar nos discos memoráveis lançados por Gil, Caetano, Gal, Erasmo, Tim Maia, Jorge Ben, Roberto Carlos e tantos outros, a primeira metade da década de 1980, pelo menos até o surgimento da cena de rock que revelaria Legião Urbana, Paralamas do Sucesso, Ultraje a Rigor e Ira!, até hoje ainda é lembrada como uma fase negra de nossa música, marcada pelo comercialismo. A dupla Sullivan e Massadas é a "cara" dessa época tão malhada, e sobre ela recaiu o ressentimento de músicos, crítica e boa parte do público.

Hoje, é comum dizer que artistas como Tim Maia, Fagner e Gal Costa "se renderam ao comercialismo" ao gravar músicas da dupla. Mas qualquer um que analise a trajetória desses artistas verá que isso foi apenas uma consequência natural da carreira deles. Tim Maia, por exemplo, sempre foi um cantor popular, de músicas simples e comunicação direta com o público. Seu primeiro LP, gravado em 1970, trazia canções de Carlos Imperial ("Cristina") e Cassiano ("Primavera"), além de baladas românticas como "Azul da cor do mar" ("Ver na vida algum motivo pra sonhar/ ter um sonho todo azul/ azul da cor do mar"), de forte apelo comercial. A julgar pelas críticas que sofreu ao gravar "Me dê motivo" e "Leva", até parece que Tim, antes de conhecer Sullivan e Massadas, só gravava Gershwin ou Cole Porter. Fagner também foi malhado ao gravar "Deslizes", em 1987, mas o compositor já tentava fazer música mais comercial desde 1978, com "Revelação". E Gal Costa só gravou "Um dia de domingo" em 1985, quatro anos depois de estourar em todo o país com "Festa do interior", forró pop de Moraes Moreira com arranjo de Lincoln Olivetti, e seis anos depois de "Balancê", versão sacolejante da marchinha de Braguinha e Alberto Ribeiro que foi um grande hit nas rádios.

Não se trata, aqui, de querer "reavaliar" a obra de Sullivan e Massadas ou atribuir à dupla uma sofisticação que eles não possuem, mas de tentar compreendê-los como parte do contexto da indústria musical da época, e não como vilões. A verdade é que Sullivan e Massadas estouraram em uma época em que o mercado brasileiro de discos estava em crise: gravadoras cortavam custos, enxugavam elencos e investiam apenas em artistas de retorno financeiro garantido. O jabá dominava as rádios, e artistas veteranos tentavam adaptar sua música aos novos tempos.

Da mesma forma que este livro buscou explicar por que tantos discos bons foram lançados no Brasil na primeira metade dos anos 1970, é preciso tentar entender por que essa riqueza musical parece ter desaparecido no início da década de 1980. Dizer, simplesmente, que a música brasileira "piorou" ou que estava "dominada por Sullivan e Massadas" é um raciocínio simplista e injusto, que ignora o contexto social e mercadológico da época e tenta esconder um fato inquestionável: os mesmos artistas que fizeram a "grande" música brasileira dos anos 1970 ainda estavam na ativa na década seguinte, mas seus discos não conseguiam replicar a força e criatividade dos trabalhos da década anterior.

Em 1981, o mesmo Ney Matogrosso que oito anos antes lançara *Secos & Molhados* gravou o forró "Homem com H". Pepeu Gomes e Baby Consuelo, que ajudaram a revolucionar o pop-rock brasileiro com os Novos Baianos, pintaram o cabelo, capricharam no visual e reencarnaram como super-heróis new wave/tropicalistas, lançando músicas pop como "Um raio laser" e "Emília, a boneca gente". Erasmo Carlos abriu a década de 1980 cantando "Pega na mentira" e "Close", esta uma canção feita originalmente para o grupo Roupa Nova e inspirada no transexual Roberta Close. Raul Seixas, o guru da contracultura, que havia desafiado a sociedade careta dos anos 1970, aparecia na Globo cantando o tema do programa infantil *Plunct, plact, zuuum*. Tim Maia, Gal Costa e Fagner gravaram músicas de Sullivan e Massadas. Djavan cantou com o Balão Mágico. Fafá de Belém gravou medleys de lambadas. Roberto Carlos fez música em homenagem aos caminhoneiros. Caetano Veloso gravou "Amanhã", de Guilherme Arantes. Gilberto Gil fez discos pop/new wave, incluindo um dedicado a Ritchie (*Raça humana*, de 1984) e vendeu a faixa "Índigo Blue" para um comercial de jeans. Marcos Valle voltou de uma temporada nos Estados Unidos, onde gravara com Sarah Vaughan e Airto Moreira, e se reinventou no Brasil como astro pop, lançando a dançante "Estrelar" ("Verão chegando/ Quem não se endireitar não tem lugar ao sol/ Domingo é dia/ de um ti-ti-ti a mais e de bumbum pra trás").

É justo dizer que o trabalho desses artistas "piorou" nos anos 1980? Será que eles acordaram, na primeira manhã da nova década, menos talentosos do que na década anterior? Ou simplesmente se viram inseridos em uma indústria musical diferente, na qual a liberdade artística dera lugar a um controle mais rígido por parte das gravadoras e onde o risco do novo havia sido substituído pela segurança de fórmulas já testadas? Não deve ter sido fácil para os pavões despertarem um dia e perceberem que não lhes era mais permitido ser misteriosos.

O ano de 1983 terminou em trevas. Em uma noite de dezembro, Leiloca, astróloga e cantora das Frenéticas, ligou a TV e viu monstros saindo de sepulturas e mortos-vivos dançando um estranho balé. Era o videoclipe de "Thriller", de Michael Jackson. Lançado um ano depois do disco homônimo, o filme foi um momento importante da história do pop e um marco daquela era de extravagâncias. Foi o clipe mais caro, mais longo – quase catorze minutos – e mais famoso da música, um verdadeiro monumento audiovisual, síntese da ganância, ambição e poder da indústria do disco. Poucas semanas antes da estreia mundial do filme, diz Leiloca, Plutão entrou em Escorpião: "A aura do mundo começou a ficar pesada. Ao ver aquele bando de almas penadas saindo da tumba, tive a sensação de que o Mal iria dominar o mundo. Plutão rege Escorpião, e tem a ver com sexo e poder. Foi a partir de então que as pessoas começaram a querer mais poder, mais poder, mais poder...".